算数が好きになる！
考える力がつく！

わくわく！

小学生のナンプレ

ちょっと
むずかしい

世界文化社

● は じ め に　〜おうちの方へ〜

　ナンプレはナンバープレースという
パズルの略称で、右図のように9マス
×9マスの81マスに数字を書き込んで
いくパズルです。縦1列に1から9、
横1列にも1から9、3×3の太枠に
も1から9の数字を入れていきます。
シンプルながら奥が深く、世界中の人
たちに愛されています。

　ルールは簡単ですが、実際チャレン
ジすると思いのほか頭を使います。そ
の分、完成したときのスッキリ感はた
まりません。達成感を存分に楽しんで
いただけるパズルです。

				3	4	2	1	
			9		8	6	3	
		6				9	7	
	9		1					6
7		9		4		5		
2				8		3		
4				2				
	3		4					
		1	5					

パズルは理系学習への導入

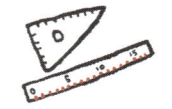

　パズルは学習への大切な導入になっています。実際、「パズルが学習
に役立ったと実感している」という保護者の方が多くいらっしゃいます。
パズルは頭脳に論理的な働きをさせます。理系科目で求められる思考回
路と同じです。

　理系科目の得意なひとは、子どものころパズル好きだったとよく聞き
ませんか。頭脳が柔軟なうちに試行錯誤し論理的に考えることは、理系
科目を得意にする土台作りです。

本書の取り組み方

　本書は小学校中学年から取り組める内容です。4×4のやさしいレベルからスタートします。飛ばしてレベルを上げたり、大人主導で進めたりすることは避けましょう。

　4×4、6×6、9×9マスのナンプレそれぞれに、ヒントが半数あります。ヒントはすぐに見ず、粘り強く取り組ませましょう。解けずにいる時間を楽しんでほしいと思います。難しいものにチャレンジしている自分に気づき、そんな自分を好きになることこそが、理系科目を好きになるきっかけです。間違いに気づいたら、消して初めからやり直します。

子どものがんばりをほめる

　子どもはほめられると、とても喜びます。ただし、できたことをほめるのではなく、できるまでがんばったことをほめてあげてください。問題に取り組み、ああでもない、こうでもないとがんばったという試行錯誤をほめましょう。過程が重要だからです。

　継続する工夫としては、1日1問ないし2問と題数を決め、取り組み時間を何分と限ります。完成しなくても時間がきたらおわりにして、翌日、続きから始めます。これは難しい算数や数学を解く方法と同じです。保護者の方は、「はい、今日はここまで！」と切り上げさせ、一所懸命考えたがんばりをほめるのみ。お子さんは、毎日楽しく取り組んでくれるはずです。

• ナンプレで 考える力を 伸ばそう！•

論理思考力

　理系の主要科目である数学ができるか否かは、論理的に考えられるかどうかにかかっています。では論理的に考えられるようになるにはどうしたらいいのでしょう。

　実は、論理的に考えることができるというのは習慣です。挨拶ができる、早寝早起きができるなどと同じです。ですから低学年、10歳までに身につけておくことが理想です。とはいえ、子どもに「論理的に考えなさい」と言って身につくものではありません。

　そこでナンプレ。論理的な思考を習慣にする有効なツールのひとつです。最初は保護者の方と一緒に解くことをお勧めします。保護者の方が解いているのを見て、お子さんは「なるほど、こうやって解くのか」と理解します。あとは自分なりに頭を使って進められます。繰り返し解くことで、論理的な思考が訓練されます。

集中力

　我が子のことを「虫の図鑑を見だすと呼んでも気づかない」「野球の選手名を言い始めるとずっと言い続けてご飯も中断してしまう」などと語る親御さんにお目にかかることが、最近あまりありません。

　子どもたちが見せてくれるこんな集中力も、10歳までの習慣として身につくものです。集中力が受験や社会生活でも大切なのはいうまでもありません。

　ナンプレは集中力も鍛えます。ルールがわかり、自分なりに考えることができれば、あとは完成に向けてまっしぐら。試行錯誤を繰り返し、ついには「できた！」。ひとたび達成感を味わえば、さらに先に進みたくなります。

　最初は短時間でもいいので、深く集中することが大切です。やがて少しずつ長い時間集中できるようになっていきます。

　小学校低学年の時期から論理思考力と集中力を習慣にしてしまえば、やがて学習面、特に理系科目を得意にする可能性が大いに広がります。

中学受験塾「エルカミノ」代表
村上綾一

もくじ

ナンプレのルールととき方

この本には**3しゅるい**の
ナンプレがのっているよ。

ハリネズミ先生

4×4 ナンプレ

タテ4マス、ヨコ4マスです。
1から4の数字を使います。

4			1
			3
		1	
1	2		4

6×6ナンプレ

タテ6マス、ヨコ6マスです。
1から6の数字を使います。

4		5			2
		6		1	
6	4				5
2				4	6
	3		6		
1			4		3

9×9ナンプレ

タテ9マス、ヨコ9マスです。
1から9の数字を使います。

3	1						9	6
			8	2				
2	9	4			1	7	5	
						8		1
8		5		7		9		4
9		1						
	8	3	6			1	4	9
				3	4			
4	5						7	2

4×4ナンプレ

【ルール】

❶ どのタテ列にも、1から4の数字が1つずつ入る。

❷ どのヨコ列にも、1から4の数字が1つずつ入る。

❸ 太い線でかこまれた4マスのブロックにも、1から4の数字が1つずつ入る。

↓タテ列の4マス

→ヨコ列の4マス

4	3	2	1
2	1	4	3
3	4	1	2
1	2	3	4

太い線でかこまれた4マス←

【とき方】

この3つのルールを守りながら、あいているマスに数字を書き入れていこう。

〈れい〉

4			1
			3
		1	
1	2		4

1 いちばん右のタテ列には、もう1・3・4が入っていますね。この列で1つだけあいているマスに入る数字はどれでしょうか？ そう、1から4のうち、まだ入っていない2が入ります。マスに2と書き入れましょう。

4			1
			3
		1	2
1	2		4

2 いちばん上のヨコ列に入っているのは、1と4。あいているマスには2と3が入りますが、もう2が入っている列には2を入れることはできませんね。

　2はグレーのマスにしか入れることができません。

6×6ナンプレ

【ルール】

❶ どのタテ列にも、1から6の数字が1つずつ入る。

❷ どのヨコ列にも、1から6の数字が1つずつ入る。

❸ 太い線でかこまれた6マスのブロックにも、1から6の数字が1つずつ入る。

↓タテ列の6マス

4	1	5	3	6	2
3	2	6	5	1	4
6	4	1	2	3	5
2	5	3	1	4	6
5	3	4	6	2	1
1	6	2	4	5	3

→ヨコ列の6マス

太い線でかこまれた6マス←

【とき方】

マスがふえても、心配なし！　ルールがしっかりわかっていれば、ちゃんととけるはずだよ。

〈れい〉

4		5			2
		6		1	
6	4				5
2				4	6
	3		6		
1			4		3

❶ 太い線でかこまれた左上のブロックを見てみましょう。1があるヨコ列には、もう1は入りません。グレーのマスに1が入ることになります。

4	1	5			2
	6		1		
6	4				5
2				4	6
	3		6		
1			4		3

❷ 太い線でかこまれた右上のブロックを見てみましょう。まわりに6がありますね。すでに6が入っているタテ列とヨコ列に6は入りません。このブロックで6が入るのは、グレーのマスしかありませんね。

9

9×9ナンプレ

【ルール】

❶ どのタテ列にも、1から9の数字が1つずつ入る。

❷ どのヨコ列にも、1から9の数字が1つずつ入る。

❸ 太い線でかこまれた9マスのブロックにも、1から9の数字が1つずつ入る。

↓タテ列の9マス

→ヨコ列の9マス

太い線でかこまれた9マス←

3	1	8	5	4	7	2	9	6
5	6	7	8	2	9	4	1	3
2	9	4	3	6	1	7	5	8
6	7	2	4	9	5	8	3	1
8	3	5	1	7	6	9	2	4
9	4	1	2	8	3	5	6	7
7	8	3	6	5	2	1	4	9
1	2	9	7	3	4	6	8	5
4	5	6	9	1	8	3	7	2

ブロックと列って何かな？

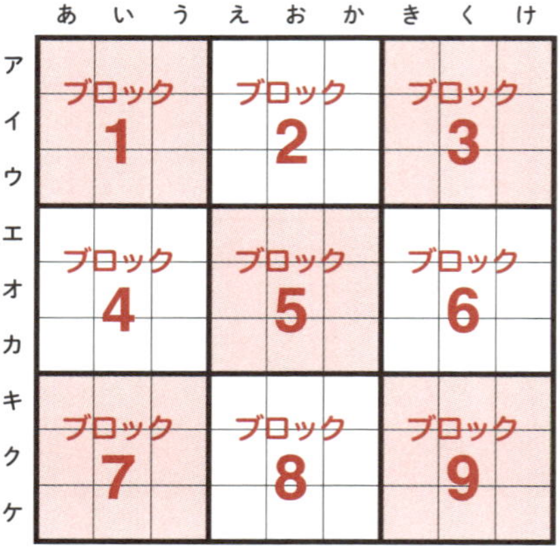

	あ	い	う	え	お	か	き	く	け
ア イ ウ	ブロック 1			ブロック 2			ブロック 3		
エ オ カ	ブロック 4			ブロック 5			ブロック 6		
キ ク ケ	ブロック 7			ブロック 8			ブロック 9		

9×9ナンプレのとき方では、列やブロックのせつ明に左の図を使います。タテ列はひらがなの「あ」から「け」、ヨコ列はカタカナの「ア」から「ケ」を使ってせつ明しています。また、ブロックは左上からじゅんに9つあります。

6×6ナンプレのとき方でも、列やブロックのせつ明に図を使います。図は33ページにあります。

【とき方】

マスの数も使う数字のしゅるいも多くなって、むずかしく見えるけど、問題をとく考え方はこれまでと同じだよ。

1 列を見て、入る数字を考える

〈れい〉

	あ	い	う	え	お	か	き	く	け
ア	3	1						9	6
イ			8	2					
ウ	2	9	4			1	7	5	
エ						8		1	
オ	8		5		7		9		4
カ	9		1						
キ		8	3	6			1	4	9
ク				3	4				
ケ	4	5					7	2	

ヨコ「ウ列」を見ると、3つのマスがあいています。この列で、6の入るマスを考えてみましょう。

	あ	い	う	え	お	か	き	く	け
ア	3	1						9	6
イ			8	2					
ウ	2	9	4			1	7	5	
エ						8		1	
オ	8		5		7		9		4
カ	9		1						
キ		8	3	6			1	4	9
ク				3	4				
ケ	4	5					7	2	

マス「えウ」は、同じタテ列に6が入っています。マス「けウ」は、同じブロックに6が入っています。つまり、マス「えウ」にも「けウ」にも6は入りません。6が入るのは、マス「おウ」しかありません。

同じ考え方で、数字が入るマスがほかにもありますよ。さがしてみましょう。

11

② タテ列・ヨコ列の数字を見る

	あ	い	う	え	お	か	き	く	け
ア	3	1						9	6
イ				8	②				
ウ	2	9	4		6	1	7	5	
エ							8		1
オ	8		5		⑦		9		4
カ	9		1						
キ		8	3	6			1	4	9
ク					3	4			
ケ	4	5						7	2

　タテ列とヨコ列の数字から、あいているマスに入る数字を考えてみましょう。

　ここでは、タテ列とヨコ列にたくさんの数字が入っているマス「おキ」を考えます。

　ヨコ「キ列」を見ると、まだこの列に入っていない数字は2・5・7の3つ。

　そして、タテ「お列」を見ると、2と7がもう入っています。つまり、マス「おキ」には2・5・7のうちの、のこりの5が入るとわかりますね。

	あ	い	う	え	お	か	き	く	け
ア	3	1						9	6
イ				8	2				
ウ	2	9	4		6	1	7	5	
エ							8		1
オ	8		5		7		9		4
カ	9		1						
キ		8	3	6	5		1	4	9
ク					3	4			
ケ	4	5						7	2

　マス「おキ」に、5と書き入れます。

　同じ考え方で、数字が入るマスがほかにもありますよ。さがしてみましょう。

❸ ブロックで、あいているマスを見る

	あ	い	う	え	お	か	き	く	け
ア	3	1						9	6
イ			8	2				3	
ウ	2	9	4		6	1	7	5	
エ							8		1
オ	8		5		7		9		4
カ	9		1						
キ		8	3	6	5		1	4	9
ク					3	4			
ケ	4	5						7	2

「太い線でかこまれたブロック」の中のあいているマスを考えてみます。

太い線でかこまれたブロック3を見てみましょう。

マス「けイ」に入る数字は何でしょうか？

	あ	い	う	え	お	か	き	く	け
ア	3	1						9	6
イ			8	2				5	3
ウ	2	9	4		6	1	7	5	
エ							8		1
オ	8		5		7		9		4
カ	9		1						
キ		8	3	6	5		1	4	9
ク					3	4			
ケ	4	5						7	2

同じブロックにすでに入っている5・6・7・9は入りませんね。そして、タテ「け列」には、1・4が入っています。ヨコ「イ列」には、2・8が入っています。

つまり、マス「けイ」と同じブロック、同じタテ列、同じヨコ列には、すでに、1・2・4・5・6・7・8・9が入っていることになりますね。

マス「けイ」に入る数字は、3しかありません。

マス「けイ」に、3と書き入れます。

④ ブロックで、入る数字を考える

	あ	い	う	え	お	か	き	く	け
ア	3	1						9	6
イ				8	2				3
ウ	2	9	4		6	1	7	5	
エ							8		1
オ	8		5		7		9		4
カ	9			1					
キ		8	3	6	5		1	4	9
ク					3	4			
ケ	4	5						7	2

真ん中のブロック5を見ると、マスに入っている数字は7だけです。でも、このブロックに入る数字がわかりますよ。

タテ「か列」、ヨコ「エ列」と「カ列」には、すでに1が入っていますから、ほかのマスにはもう1は入りません。このブロックで1を入れることのできるマスは1つしかありません。

	あ	い	う	え	お	か	き	く	け
ア	3	1						9	6
イ				8	2				3
ウ	2	9	4		6	1	7	5	
エ							8		1
オ	8		5	1	7		9		4
カ	9			1					
キ		8	3	6	5		1	4	9
ク					3	4			
ケ	4	5						7	2

マス「えオ」に、1と書き入れます。

これからナンプレをといていくと、この考え方をとてもよく使いますよ。

「このマスにはこの数字しか入らない」「この数字はぜったいにこのマスに入るんだ」とわかったところにだけ、数字を書き入れよう。まずはヒントをさん考にしてといてみよう！

4×4

ナンプレ

4マス×4マスのナンプレから始^{はじ}めましょう。
ヒントを読^よみながら、1問^{もん}ずつといていきましょう。

001

4	2	1	
3		2	4
1	3		2
	4	3	1

使う数字（つか すうじ）：1 2 3 4

ヒント

いちばん上（うえ）のヨコ列（れつ）に4・2・1が入（はい）っているね。1つの列（れつ）に、1から4が1つずつ入（はい）るから、のこりは3だね。

めざせ、花（はな）まる！

かかった時間（じかん）

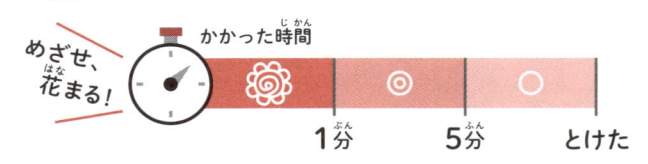

1分（ぷん）　5分（ぷん）　とけた

答え（こた）は
p.130

といた日: 月 日

1	3	4	
	4		1
3		2	
	2	1	3

使う数字：1 2 3 4

ヒント

あいているマスは1つだけ、というブロックや列がいくつかあるね。まずはそこから数字を入れていこう。

めざせ、花まる！

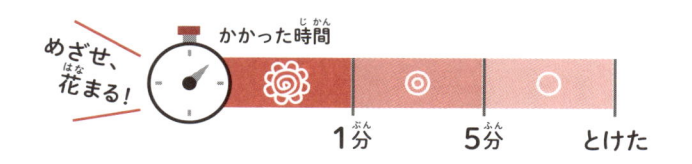

かかった時間

1分 5分 とけた

答えは p.130

といた日(ひ)：　月(がつ)　日(にち)

3	2		1
4		2	
	3		4
1		3	2

使う数字(つかうすうじ)：1 2 3 4

ヒント

2マスあいているブロックだって、まわりをよく見(み)れば
入(い)れられるよ。右上(みぎうえ)のブロックに入(はい)るのは、3と4だね。

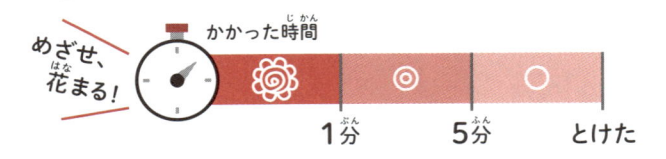

めざせ、
花(はな)まる！

かかった時間(じかん)

1分(ぷん)　　5分(ふん)　　とけた

答(こた)えは
p.130

004

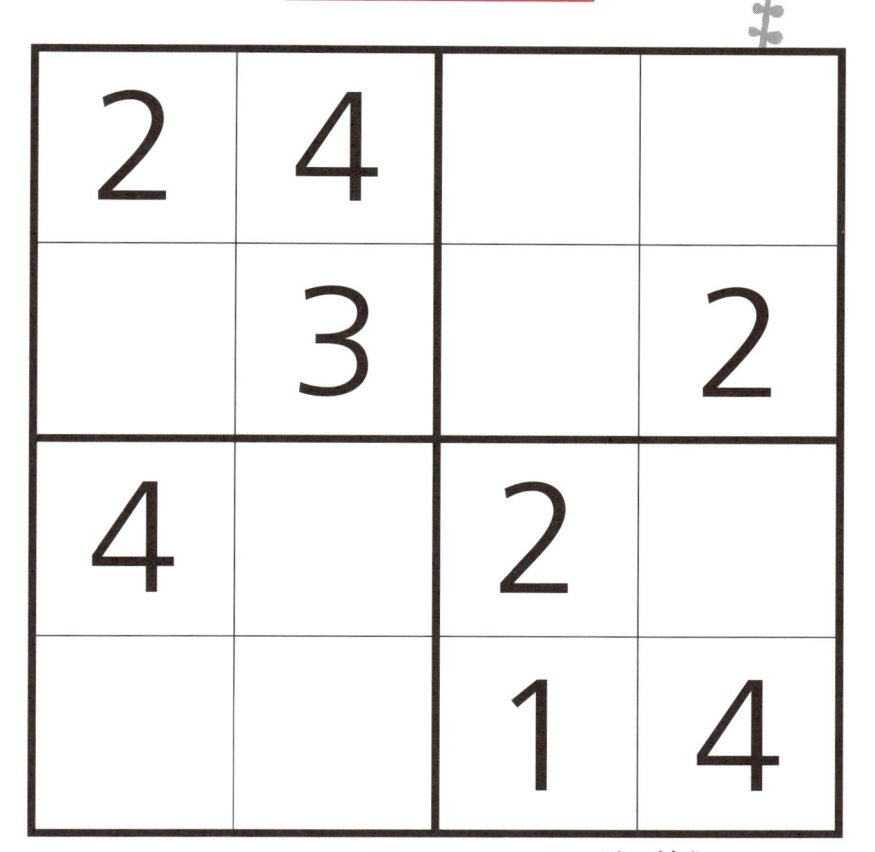

2	4		
	3		2
4		2	
		1	4

使う数字：1 2 3 4

ヒント

1は1つしかないけど、右上のブロックも左下のブロックも、1の入るマスがすぐにわかるよ。

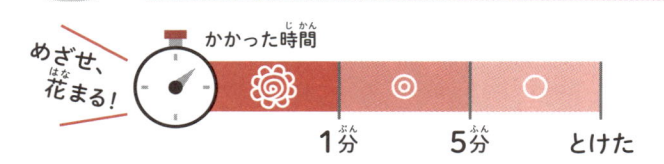

めざせ、花まる！

かかった時間

1分　5分　とけた

→ 答えは p.130

005

といた日（ひ）：　月（がつ）　日（にち）

	4		1
2		3	
	2		3
1		4	

使う数字（つかうすうじ）：1 2 3 4

ヒント

いちばん上（うえ）のヨコ列（れつ）で、あいているマスに入（はい）るのは2と3。だけど、同（おな）じブロックに入（はい）っている数字（すうじ）は入（はい）らないよ。

めざせ、花（はな）まる！

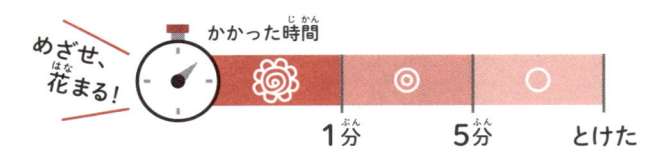

かかった時間（じかん）

1分（ぷん）　5分（ふん）　とけた

答（こた）えは p.130

といた日：　月　日

	2		1
1			2
3			4
2		1	

使う数字：1 2 3 4

ヒント

左と右のタテ列にあいているマスが1つずつあるよ。あいているマスにはどの数字が入るかな？

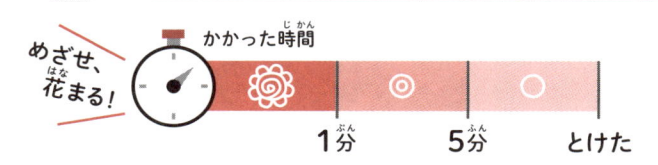

めざせ、花まる！

かかった時間

1分　5分　とけた

答えは
p.130

21

007

といた日：　月　日

1			4
	3		
		1	
2			3

使う数字：1 2 3 4

ヒント

4は1つしか入っていないけど、この4をヒントに、のこりの4を全部入れられるよ。どう考えればいいかな？

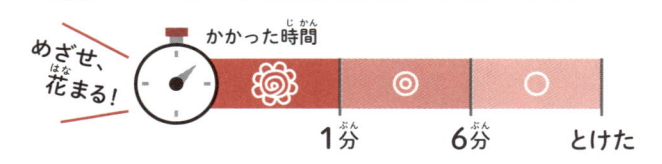

めざせ、花まる！

かかった時間

1分　6分　とけた

答えは p.130

008

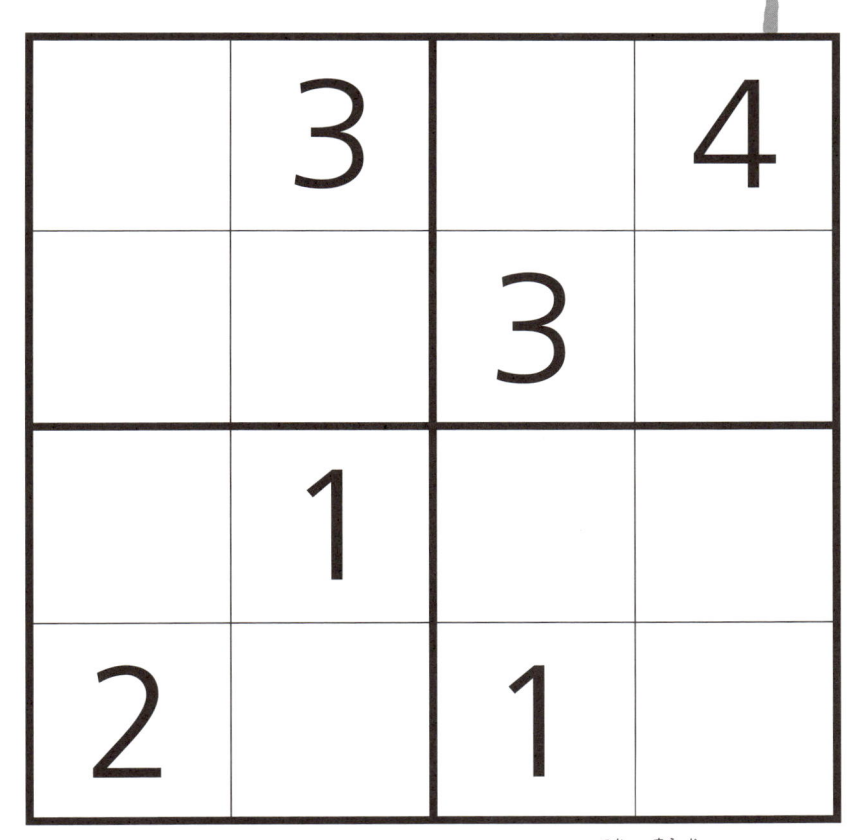

	3		4
		3	
	1		
2		1	

使う数字：1 2 3 4

ヒント

左上のブロックは、4や1が入るマスはまだ決まらないけど、2を入れられるマスは1つだけだよ。

めざせ、花まる！

かかった時間

1分　6分　とけた

答えは p.130

といた日：　月　日

	4	2	
2			
			4
	1	3	

使う数字：1 2 3 4

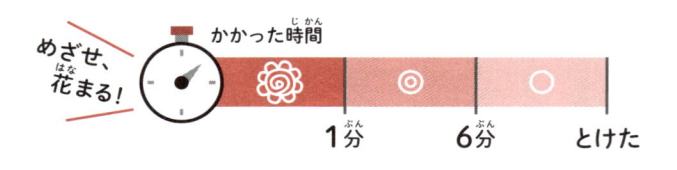

めざせ、
花まる！

かかった時間

1分　　6分　　とけた

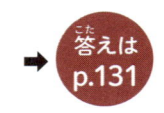

答えは
p.131

010

		4	
2		3	
	3		4
	2		

使う数字：1 2 3 4

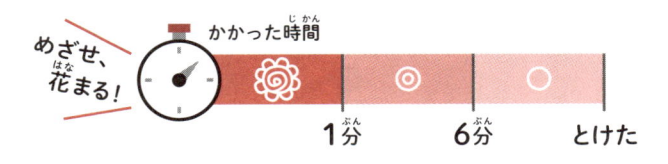

めざせ、花まる！

かかった時間

1分　6分　とけた

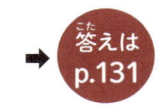

答えは p.131

011

といた日<ruby>日<rt>ひ</rt></ruby>：　<ruby>月<rt>がつ</rt></ruby>　　<ruby>日<rt>にち</rt></ruby>

		2	1
1			
			4
3	4		

<ruby>使<rt>つか</rt></ruby>う<ruby>数字<rt>すうじ</rt></ruby>：1 2 3 4

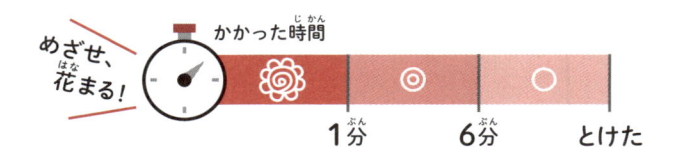

めざせ、<ruby>花<rt>はな</rt></ruby>まる！　かかった<ruby>時間<rt>じかん</rt></ruby>

1<ruby>分<rt>ぷん</rt></ruby>　　6<ruby>分<rt>ぷん</rt></ruby>　　とけた

<ruby>答<rt>こた</rt></ruby>えは
p.131

012

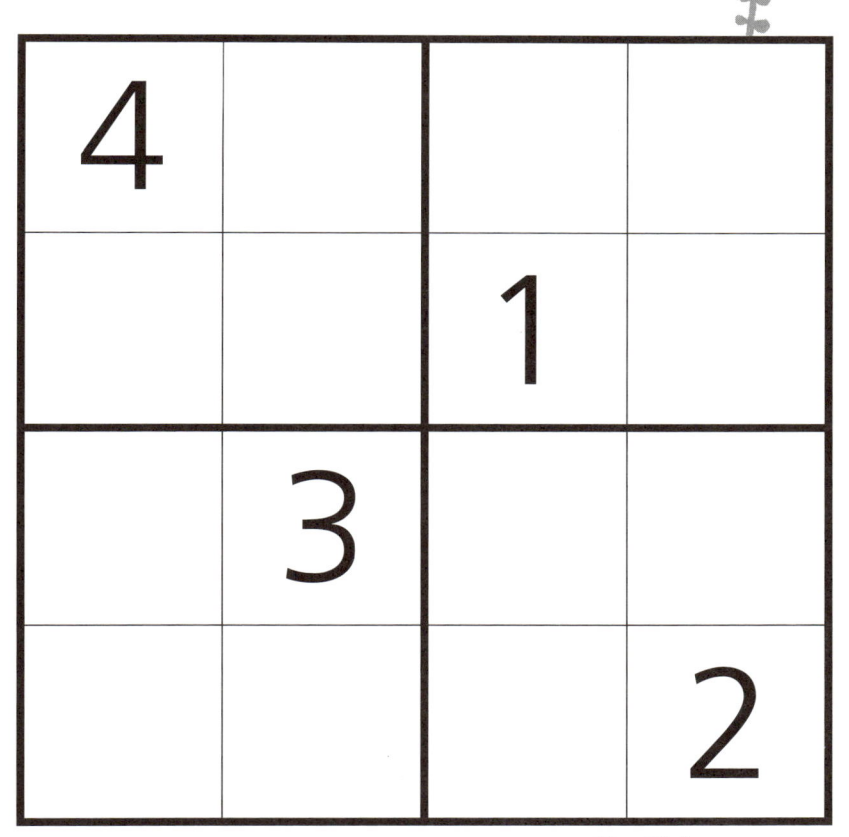

使う数字：1 2 3 4

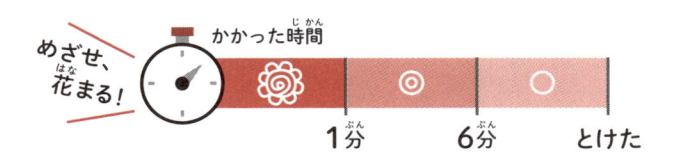

めざせ、花まる！

かかった時間

1分　6分　とけた

答えは p.131

といた日： 月 日

		1	
	3		
		2	
	4		

使う数字：1 2 3 4

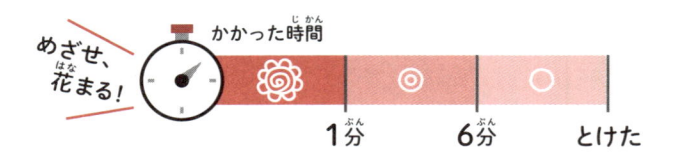

めざせ、花まる！ かかった時間 1分 6分 とけた

答えは p.131

014

といた日：　月　日

			1
		2	
	3		
			4

使う数字：1 2 3 4

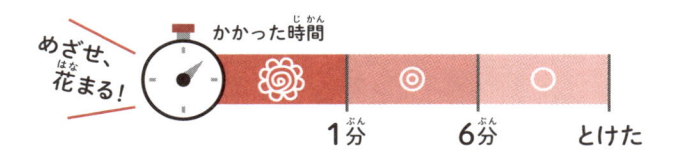

めざせ、花まる！　かかった時間　1分　6分　とけた

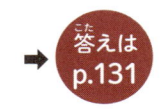

答えは p.131

015

といた日：　月　日

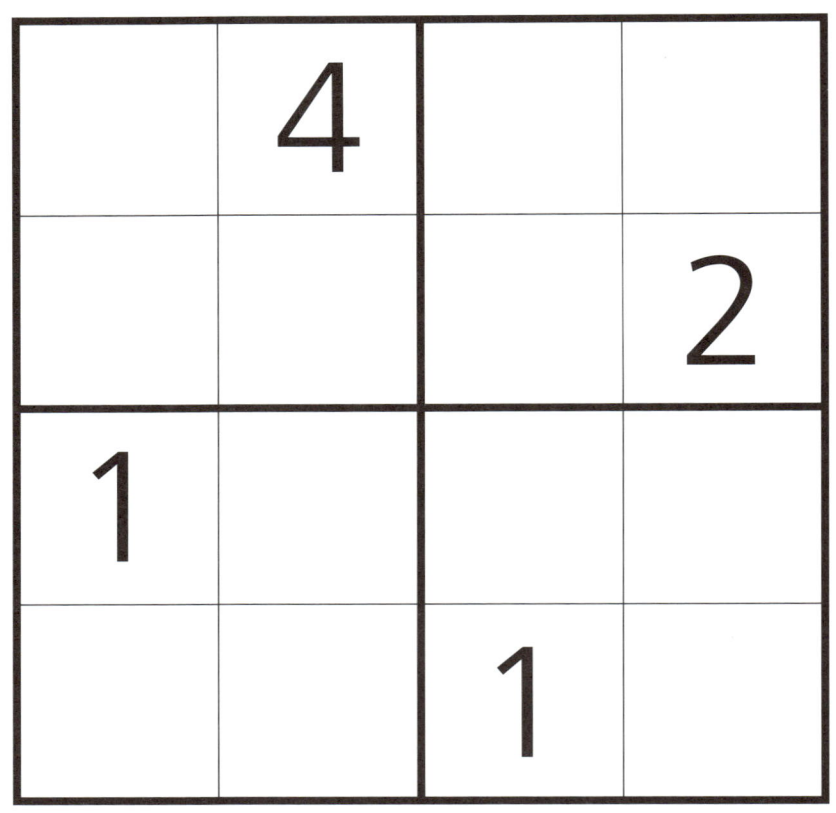

	4		
			2
1			
		1	

使う数字：1 2 3 4

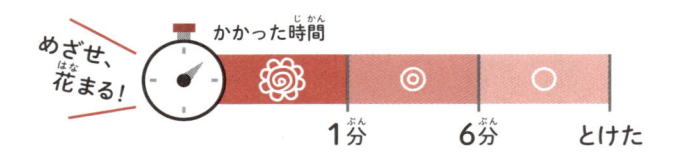

めざせ、花まる！

かかった時間

1分　6分　とけた

答えは p.131

といた日：　月　日

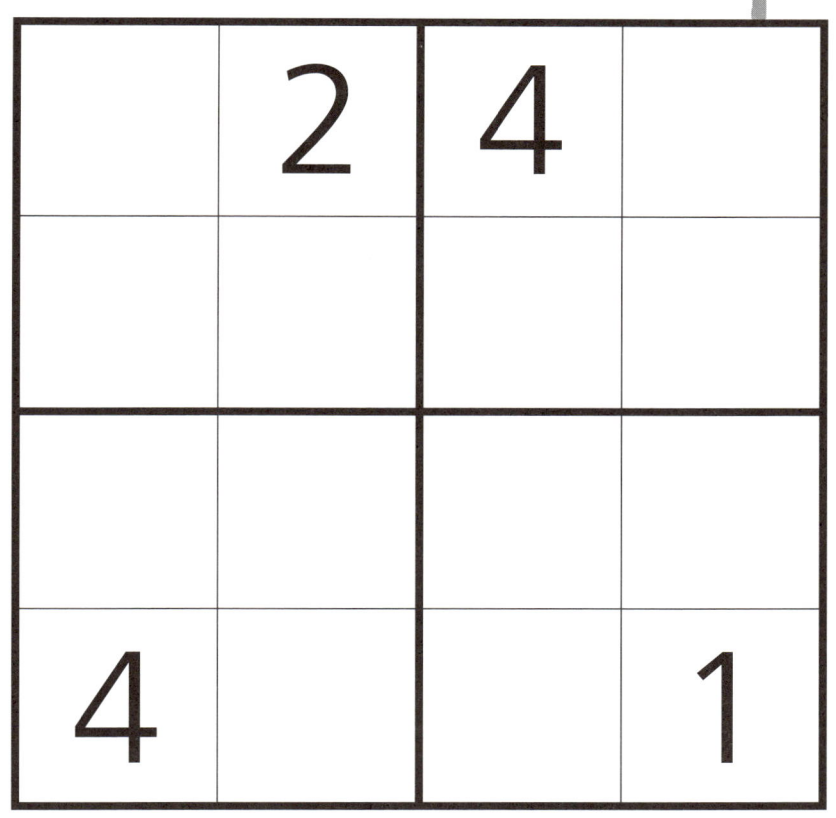

	2	4	
4			1

使う数字：1 2 3 4

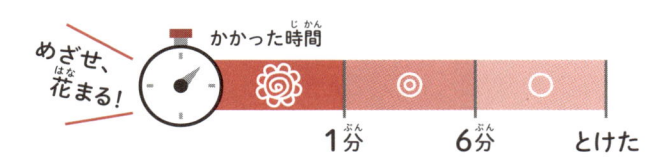

めざせ、花まる！

かかった時間

1分　6分　とけた

答えは p.131

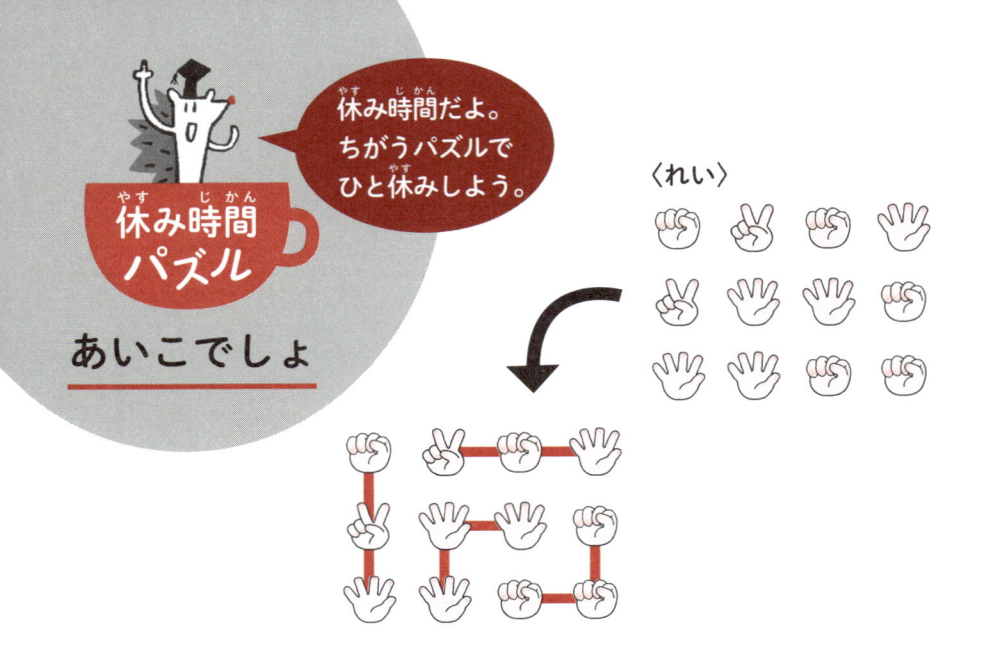

休み時間だよ。ちがうパズルでひと休みしよう。

休み時間パズル

あいこでしょ

〈れい〉

〈問題〉

すべてのグー・チョキ・パーを、タテかヨコに3つずつつなぎましょう。ただし、つながれた3つはあいこになっていなければいけません。

答えは
p.142

6×6

ナンプレ

ここからは、6マス×6マスのナンプレがスタート。
ヒントで、マスをせつ明するときに記号を使っています。
タテ列は「あ」から「か」のひらがな、
ヨコ列は「ア」から「カ」のカタカナで表しています。
また、ブロックは左上からじゅんに1から6まであります。

	あ	い	う	え	お	か
ア		ブロック			ブロック	
イ		**1**			**2**	
ウ		ブロック			ブロック	
エ		**3**			**4**	
オ		ブロック			ブロック	
カ		**5**			**6**	

017

といた日(ひ)： 月(がつ) 日(にち)

	あ	い	う	え	お	か
ア	2	4	1		6	5
イ	3		5	1	2	
ウ	5	3		4	1	6
エ	6	1	4		3	2
オ		5	6	2		3
カ	4	2		6	5	1

使(つか)う数字(すうじ)：1 2 3 4 5 6

ヒント

あいているマスが1つだけのところはすぐに入(はい)るね。列(れつ)やブロックで、まだ入(はい)っていない数字(すうじ)を書(か)き入(い)れよう。

めざせ、花(はな)まる！

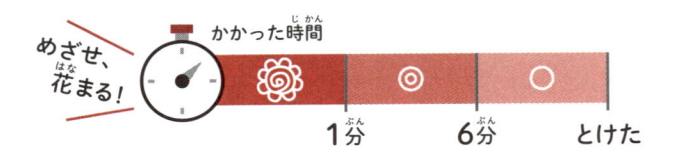

かかった時間(じかん)

1分(ぷん) 6分(ぷん) とけた

答(こた)えは p.132

といた日： 月 日

	あ	い	う	え	お	か
ア		4	5	6	2	1
イ	2	6	1		3	4
ウ	1		3	2		6
エ	6		4	3		5
オ	4	3		1	5	2
カ	5	1	2	4	6	

使う数字：1 2 3 4 5 6

ヒント

1マスだけあいているマスに数字を入れたら、2マスあいているブロック3とブロック4をよく考えてみよう。

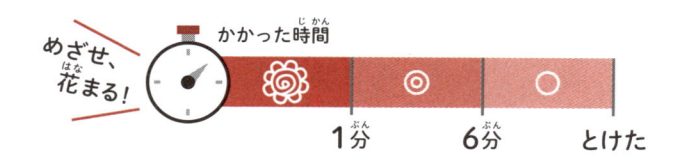

めざせ、花まる！

かかった時間

1分 6分 とけた

答えは p.132

といた日：　月　日

	あ	い	う	え	お	か
ア	2	5		1	3	
イ		6	3	2		5
ウ	6		5		2	4
エ	4	3		6		1
オ	3		6	5	1	
カ		2	1		6	3

使う数字：1 2 3 4 5 6

ヒント

どの列もどのブロックも2マスあいているよ。入る数字は、「ア列」なら4と6、ブロック4なら3と5だね。

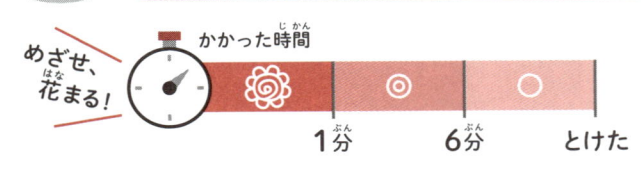

めざせ、花まる！

かかった時間

1分　6分　とけた

答えは p.132

020

といた日： 月 日

	あ	い	う	え	お	か
ア	1		5	3	6	
イ	3		2		1	4
ウ		2	4		5	3
エ	5	1		4	2	
オ	2	3		6		5
カ		5	6	2		1

使う数字：1 2 3 4 5 6

ヒント

まわりをよく見れば、あいている2マスの「どちらのマスにどちらの数字を入れるか」がわかるよ。

めざせ、花まる！

かかった時間

1分　6分　とけた

答えは p.132

といた日：　月　日

	あ	い	う	え	お	か
ア	1		5	2		4
イ	3	4			1	6
ウ		1	6	3	5	
エ		2	3	6	4	
オ	6	3			2	5
カ	2		4	1		3

使う数字：1 2 3 4 5 6

ヒント

たとえばブロック6の2マスに入るのは4と6。「1つの列に同じ数字は入らない」ということをわすれずにね。

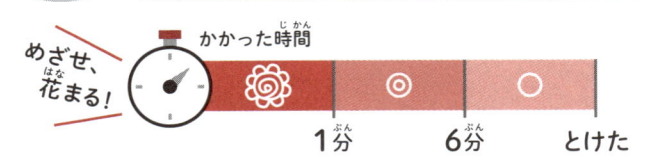

めざせ、花まる！

かかった時間

1分　　6分　　とけた

答えは p.132

022

といた日： 月 日

	あ	い	う	え	お	か
ア		4	1		5	3
イ	2	3		4	6	
ウ	4		6	5		2
エ	5		3	1		6
オ		5	2		1	4
カ	1	6		3	2	

使う数字：1 2 3 4 5 6

ヒント

マスに入れる数字をまちがえると、とけなくなるよ。ぜったいにこの数字が入る、というマスにだけ数字を入れよう。

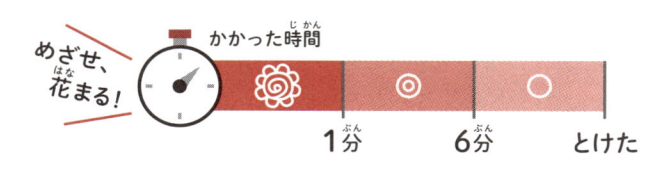

めざせ、花まる！　かかった時間　1分　6分　とけた

答えは p.132

といた日： 月 日

	あ	い	う	え	お	か
ア	1		4		6	
イ		5		2	1	4
ウ	2		6	1	3	5
エ	3	1	5	4		6
オ	4	3	2		5	
カ		6		3		2

使う数字：1 2 3 4 5 6

ヒント

ブロック3やブロック4のあいているマスに数字を入れると、「い列」「お列」のあいているマスもあと1つだね。

めざせ、花まる！

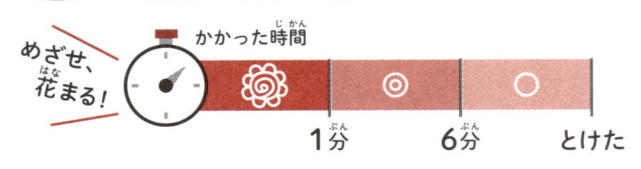

かかった時間

1分　6分　とけた

答えはp.132

024

といた日：　月　日

	あ	い	う	え	お	か
ア		1	6		2	4
イ			4	6	5	1
ウ	3		2		6	5
エ	1	6		2		3
オ	6	5	3	4		
カ	4	2		5	3	

使う数字：1 2 3 4 5 6

ヒント

「ここならすぐに数字が入る」というマスを見つけられ
たかな？　1マスだけあいているブロックがあるね。

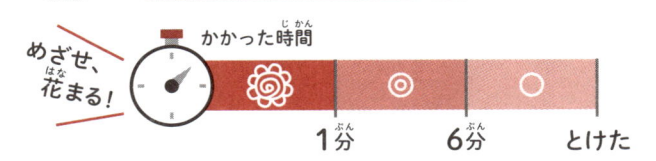

めざせ、花まる！

かかった時間

1分　6分　とけた

答えは
p.132

41

025

といた日：　月　日

	あ	い	う	え	お	か
ア		4			3	
イ	2		5	1		4
ウ	3	6		5	1	
エ		2	1		4	6
オ	4		2	6		3
カ		5			2	

使う数字：1 2 3 4 5 6

ヒント

「2マスあいている」列やブロックで、入る数字を考えよう。タテ列なら「い列」と「お列」だね。

めざせ、花まる！

かかった時間

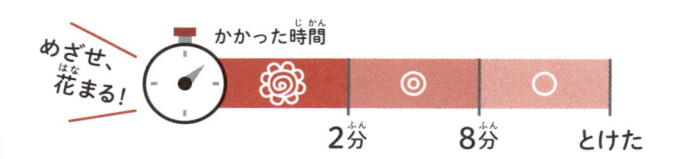

2分　8分　とけた

答えは p.133

といた日： 月 日

	あ	い	う	え	お	か
ア	2	5		3	4	6
イ	6			2		
ウ		1	3		6	
エ		2		5	1	
オ			5			4
カ	1	4	2		3	5

使う数字：１２３４５６

ヒント

１マスだけあいているヨコ列に数字を入れると、ブロック１やブロック６で、あいているのは２マスだけだね。

めざせ、花まる！

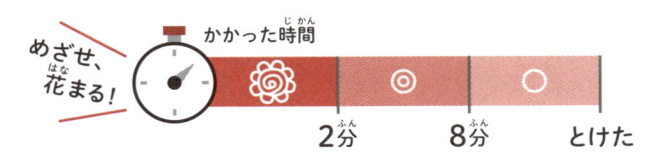

かかった時間

2分 8分 とけた

答えは p.133

といた日： 月 日

	あ	い	う	え	お	か
ア	2	3			5	6
イ	1	6		4		
ウ			2		4	3
エ	4	5		6		
オ			1		6	4
カ	3	4			1	5

使う数字：1 2 3 4 5 6

ヒント

ブロック3のあいているマスには、1・3・6が入るけど、まわりを見れば、どの数字がどこに入るかわかるよね。

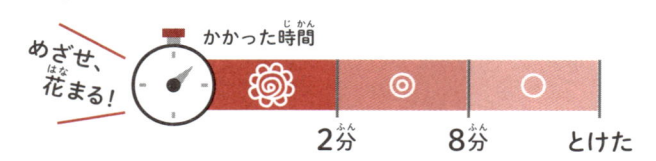

めざせ、花まる！

かかった時間

2分　8分　とけた

答えは p.133

028

といた日： 月 日

	あ	い	う	え	お	か
ア		4		2		5
イ		1	2	4		3
ウ	3	5			4	
エ		2			3	1
オ	2		4	1	5	
カ	1		5		2	

使う数字：1 2 3 4 5 6

ヒント

「わかっている数字」から、といていくこともできるんだ。
この問題では、5の入るマスが全部わかるよ。

めざせ、
花まる！

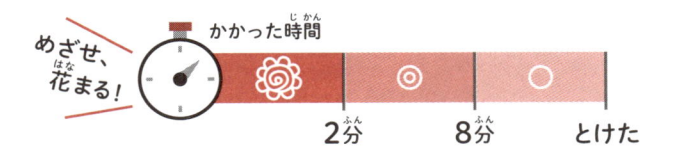

かかった時間

2分 8分 とけた

答えは
p.133

029

といた日（ひ）： 月（がつ）　日（にち）

	あ	い	う	え	お	か
ア			1	2		3
イ	5		3		6	
ウ	3	5			1	4
エ	1	6			2	5
オ		3		1		6
カ	4		6	5		

使（つか）う数字（すうじ）：1 2 3 4 5 6

ヒント

「か列（れつ）」と「カ列（れつ）」に４があるから、ブロック６で４の入（はい）るマスがわかるよ。４は、ほかにどのマスに入（はい）るかな？

めざせ、花（はな）まる！

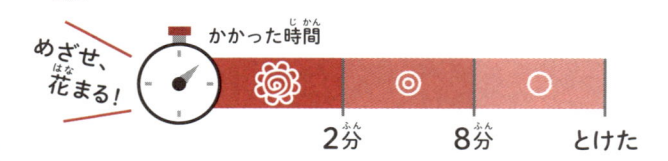
かかった時間（じかん）

2分（ふん）　8分（ふん）　とけた

答（こた）えは p.133

030

といた日： 月 日

	あ	い	う	え	お	か
ア	3	5	1	2		
イ	4				5	1
ウ			3		4	2
エ	2	1		6		
オ	1	3				6
カ			2	5	1	3

使う数字：1 2 3 4 5 6

ヒント

2と3がたくさん入っているね。どこにあるかをよく見て、まだ2と3が入っていない列かブロックをさがそう。

めざせ、花まる！

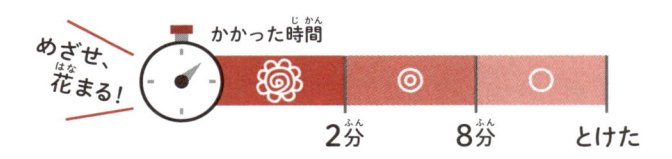

かかった時間

2分 8分 とけた

答えは
p.133

031

といた日： 月 日

	あ	い	う	え	お	か
ア	3	2		6	5	
イ		5			4	
ウ	1		5	3		2
エ	2		6	4		5
オ		6			3	
カ		1	3		2	6

使う数字：1 2 3 4 5 6

ヒント

「たくさんわかっている数字」は、入れやすいことが多いよ。反対に、2つしかない1は、すぐには入らないんだ。

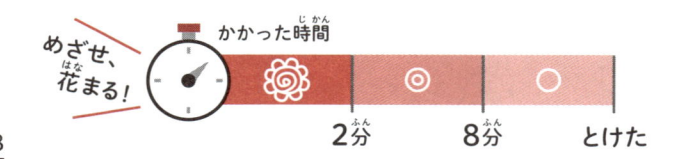

めざせ、花まる！

かかった時間

2分 8分 とけた

答えは p.133

といた日： 月 日

	あ	い	う	え	お	か
ア		1			4	6
イ	2		4	5		
ウ	3	4		1		2
エ	1		6		5	4
オ			2	6		3
カ	6	3			2	

使う数字：1 2 3 4 5 6

ヒント

「たくさんわかっている数字」から、とき始めよう。この問題では、2・4・6がたくさんあるよ。

めざせ、花まる！

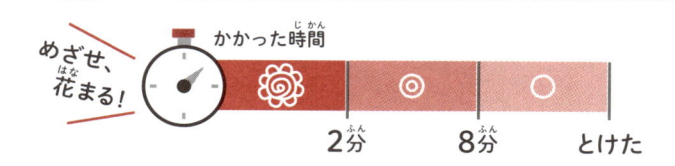

かかった時間

2分 8分 とけた

→ 答えは p.133

033

といた日（ひ）： 月（がつ）　日（にち）

	あ	い	う	え	お	か
ア			1		3	
イ		2	4		1	
ウ	5	4				3
エ	1				6	4
オ		1		2	5	
カ		6		3		

使う数字（つかうすうじ）：1 2 3 4 5 6

ヒント

数字（すうじ）を見（み）ていくとき方（かた）（1や5に注目（ちゅうもく））にちょうせんして
みよう。2マスしかあいていない列（れつ）からといてもいいよ。

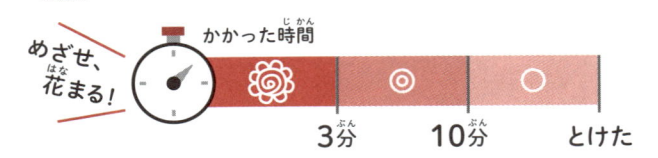

めざせ、
花（はな）まる！

かかった時間（じかん）

3分（ぷん）　10分（ぷん）　とけた

答（こた）えは
p.134

034

といた日：　月　日

	あ	い	う	え	お	か
ア			1		6	
イ		3	4			2
ウ		5	3			1
エ	2			3	4	
オ	1			2	3	
カ		4		5		

使う数字：1 2 3 4 5 6

ヒント

3がたくさん入っているね。反対に、6は1つしかなくて、入るマスがなかなか決まらないよ。

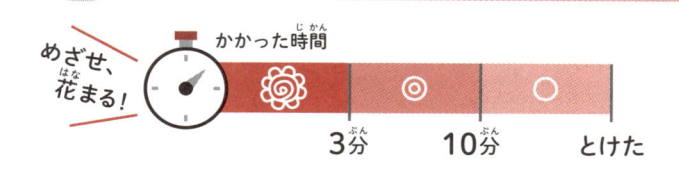

めざせ、花まる！

かかった時間

3分　10分　とけた

答えは p.134

035

といた日： 月 日

1	5		4	6	
		3			2
		4		1	
	2		5		
3			6		
	1	6		4	5

使う数字：1 2 3 4 5 6

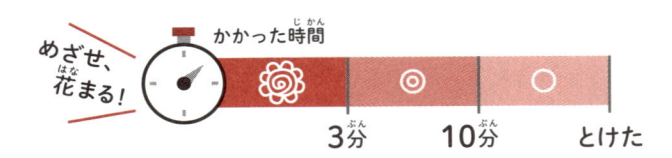

めざせ、花まる！ かかった時間 3分 10分 とけた

答えは p.134

036

といた日：　月　日

		1		5	
	3		2		6
	2		1		4
4		6		3	
1		3		2	
	5		3		

使う数字：１２３４５６

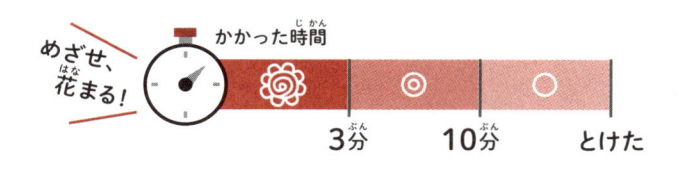

めざせ、花まる！

かかった時間

3分　　10分　　とけた

答えは p.134

037

といた日： 月 日

		3	4	2	5	
2						4
	2			3		
	6			4		
3						6
	4	6	5	2		

使う数字：1 2 3 4 5 6

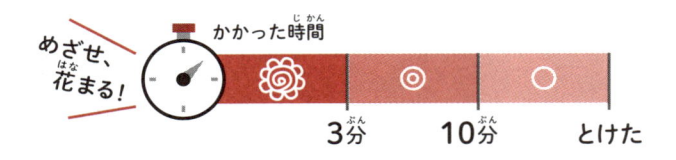

めざせ、花まる！

かかった時間

3分　10分　とけた

答えは p.134

といた日： 月 日

		1	2		
3		4	5		
2	3			1	
	4			5	2
		2	6		4
		3	1		

使う数字：1 2 3 4 5 6

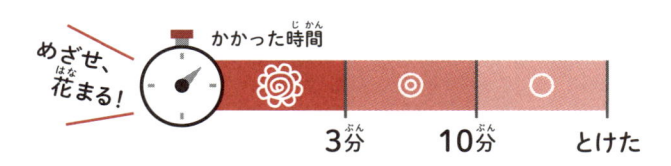

めざせ、花まる！ かかった時間 3分 10分 とけた

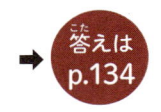

答えは p.134

039

といた日： 月 日

	1			4	
6			1		2
	5	4			6
3			5	2	
4		5			1
	2			3	

使う数字：1 2 3 4 5 6

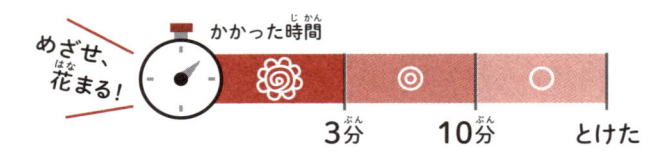

めざせ、花まる！ かかった時間 3分 10分 とけた

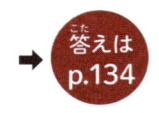

答えは p.134

といた日 ： 月 日

6					5
	4	2			1
	5		1	3	
	2	3		4	
2			6	5	
3					4

使う数字：1 2 3 4 5 6

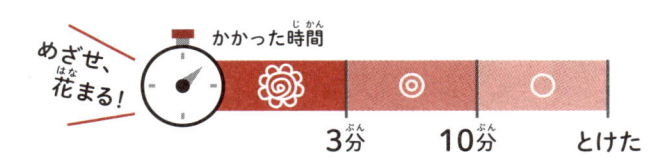

めざせ、花まる！

かかった時間

3分　10分　とけた

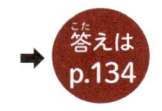

答えは p.134

041

といた日： 月 日

	6				2
	5			3	
		1	3		4
4		6	5		
	1			4	
3				1	

使う数字：1 2 3 4 5 6

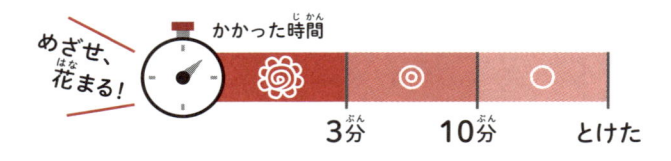

めざせ、花まる！ かかった時間 3分 10分 とけた

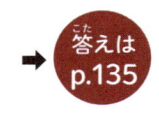

答えは p.135

			4	6	
4		3			5
6		5			
			1		6
2			5		1
	4	1			

使う数字：１２３４５６

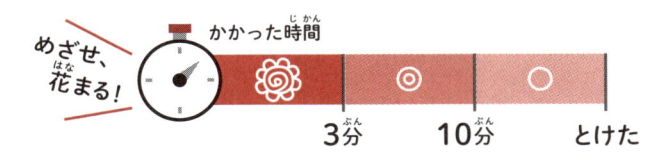

めざせ、花まる！

かかった時間

3分　　10分　　とけた

答えは
p.135

043

といた日(ひ)：　月(がつ)　日(にち)

	6		5		
2					1
5			1	4	
	1	3			6
6					4
		1		2	

使(つか)う数字(すうじ)：１２３４５６

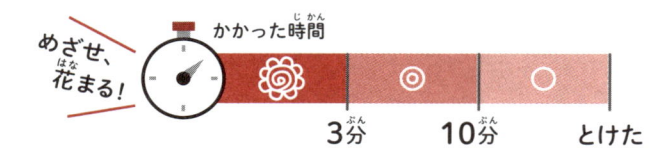

めざせ、花(はな)まる！

かかった時間(じかん)

3分(ぷん)　10分(ぷん)　とけた

答(こた)えは p.135

044

とい<ruby>日<rt>ひ</rt></ruby>： <ruby>月<rt>がつ</rt></ruby> <ruby>日<rt>にち</rt></ruby>

	1			2	6
	5		4		
2				1	
	6				3
		1		6	
3	2			5	

<ruby>使<rt>つか</rt></ruby>う<ruby>数字<rt>すうじ</rt></ruby>：1 2 3 4 5 6

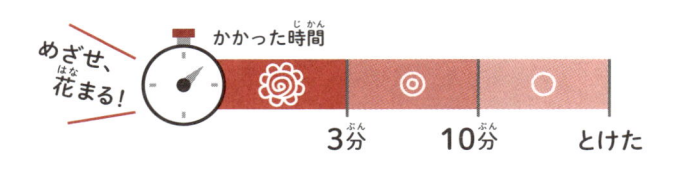

めざせ、<ruby>花<rt>はな</rt></ruby>まる！

<ruby>かかった時間<rt>じかん</rt></ruby>

3<ruby>分<rt>ぶん</rt></ruby> 10<ruby>分<rt>ぶん</rt></ruby> とけた

<ruby>答<rt>こた</rt></ruby>えは p.135

045

といた日<ruby>日<rt>ひ</rt></ruby>： <ruby>月<rt>がつ</rt></ruby> <ruby>日<rt>にち</rt></ruby>

			2	6	
5					4
		6	4	1	
	3	1	5		
6					2
	2	4			

<ruby>使<rt>つか</rt></ruby>う<ruby>数字<rt>すうじ</rt></ruby>：１２３４５６

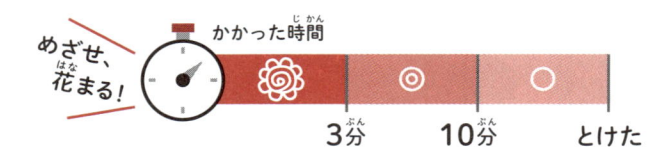

めざせ、<ruby>花<rt>はな</rt></ruby>まる！

かかった<ruby>時間<rt>じかん</rt></ruby>

3<ruby>分<rt>ぷん</rt></ruby> 10<ruby>分<rt>ぷん</rt></ruby> とけた

<ruby>答<rt>こた</rt></ruby>えは
p.135

046

といた日<ひ>： 月<がつ> 日<にち>

6			5	3	
	4				
		1		2	6
3	2		4		
				1	
	6	5			3

使う数字<つかうすうじ>：1 2 3 4 5 6

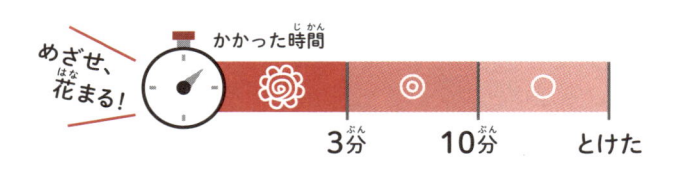

めざせ、花<はな>まる！

かかった時間<じかん>

3分<ぷん>　10分<ぷん>　とけた

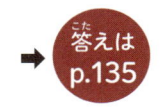

答<こた>えは p.135

047

といた日<ひ>：　月<がつ>　日<にち>

		2	5		
					6
	6	4			1
3			2	6	
1					
	4		3		

使う数字<つかうすうじ>：1 2 3 4 5 6

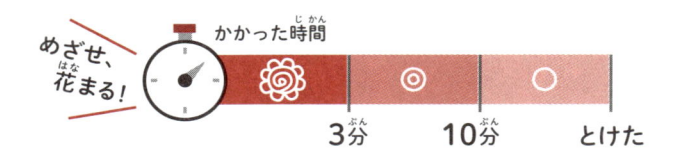

めざせ、花<はな>まる！

かかった時間<じかん>

3分<ぷん>　10分<ぷん>　とけた

答<こた>えは p.135

048

といた日：　月　　日

3					
5			2	4	
2				1	
	6				5
	5	4			2
					6

使う数字：１２３４５６

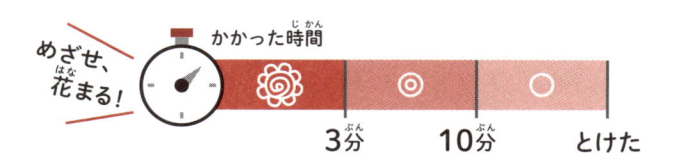

049

といた日_ひ： 月_{がつ} 日_{にち}

2						4
	5					1
		6	3		
4						6
	6				5	
		2	6		

使う数字_{つかすうじ}：1 2 3 4 5 6

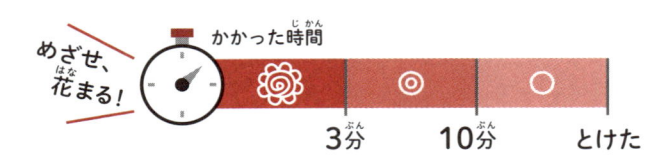

めざせ、花_{はな}まる！

かかった時間_{じかん}

3分_{ぷん}　10分_{ぷん}　とけた

答えは_{こた}
p.136

といた日：　月　日

		3			5
		1			2
	6			4	
	2			1	
5			3		
4			6		

使う数字：1 2 3 4 5 6

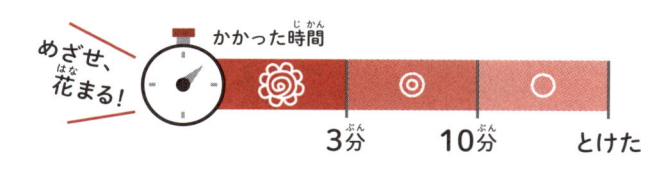

めざせ、花まる！　かかった時間　3分　10分　とけた

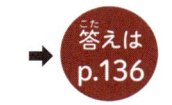

答えは p.136

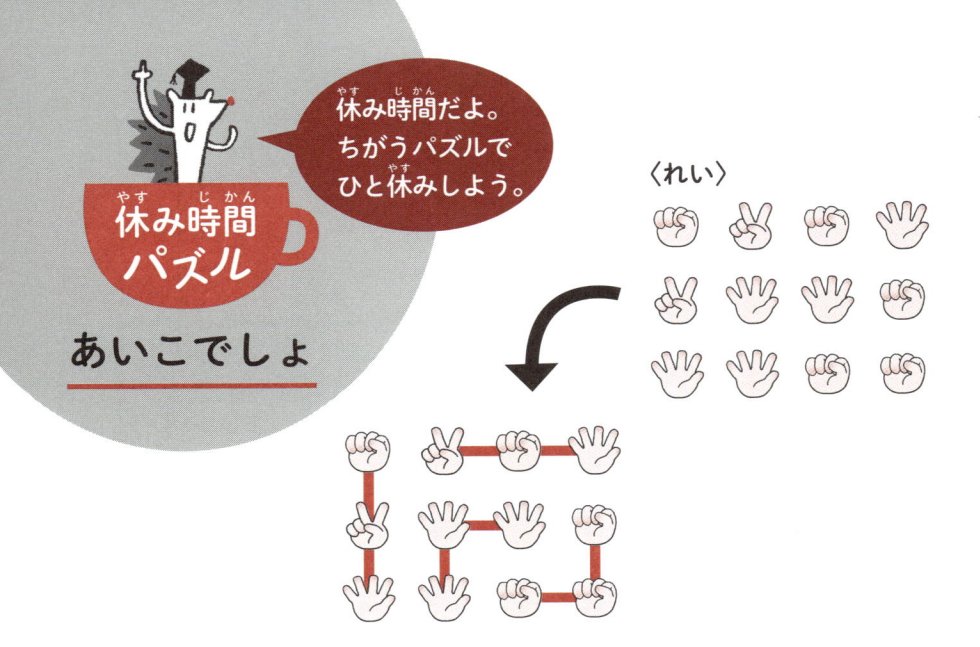

休み時間だよ。
ちがうパズルで
ひと休みしよう。

あいこでしょ

〈れい〉

〈問題〉

すべてのグー・チョキ・パーを、タテかヨコに３つずつつなぎましょ
う。ただし、つながれた３つはあいこになっていなければいけません。

→
答えは
p.142

68

9×9

ナンプレ

さい後は、9マス×9マスのナンプレにちょうせん！
ヒントで、マスをせつ明するときに記号を使っています。
タテ列は「あ」から「け」のひらがな、
ヨコ列は「ア」から「ケ」のカタカナで表しています。
また、ブロックは左上からじゅんに1から9まであります。

あ　い　う　え　お　か　き　く　け

ア イ ウ	ブロック **1**	ブロック **2**	ブロック **3**
エ オ カ	ブロック **4**	ブロック **5**	ブロック **6**
キ ク ケ	ブロック **7**	ブロック **8**	ブロック **9**

051

といた日（ひ）： 月（がつ）　日（にち）

	あ	い	う	え	お	か	き	く	け
ア		1	2	3	4	5	7	8	9
イ	5	7			2	1			3
ウ		4	9			7	2		
エ	8		5	2			1	7	
オ	4	3		5		6		9	2
カ		2	6			8	5		4
キ			3	4			6	2	
ク	2			7	5			1	8
ケ	9	8	7	6	1	2	3	4	

使う数字（つかうすうじ）： 1 2 3 4 5 6 7 8 9

ヒント

「ア列（れつ）」であいているマスは1つだけ。そこを入（い）れれば、ブロック1はあいているマスが2マスだけになるね。

めざせ、花（はな）まる！

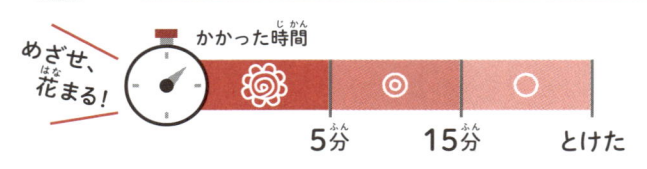

かかった時間（じかん）

5分（ふん）　15分（ふん）　とけた

答（こた）えは p.136

052

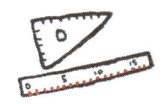

といた日： 月 日

	あ	い	う	え	お	か	き	く	け
ア	8		9	6	3		5	7	
イ	2	3	4			9		1	
ウ	5	6	7	8		4		3	2
エ		5			2			6	9
オ	6		2	4		7	3		1
カ	1	7			9			4	
キ	9	2		7		3	4	5	6
ク		8		9			1	2	3
ケ		4	5		6	1	8		7

使う数字：1 2 3 4 5 6 7 8 9

ヒント

ブロック1もブロック9も、あいているマスは1つだけ。そこを入れたら、「い列」や「く列」に注目だよ。

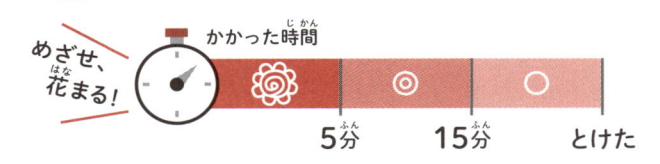

めざせ、花まる！

かかった時間

5分　15分　とけた

→ 答えは p.136

053

といた日： 月 日

	あ	い	う	え	お	か	き	く	け
ア			4	1		8	5		
イ	5	3	2		4		7	8	1
ウ	8		9			5	4		3
エ	9	2		3	6				8
オ		7	8	5		4	3	2	
カ	6				2	1		5	7
キ	4		6	7			8		5
ク	3	5	7		8		2	1	9
ケ			1	9		3	6		

使う数字：1 2 3 4 5 6 7 8 9

ヒント

あと２マスだけあいている、タテ列やヨコ列を見つけよう。３マスあいている列やブロックからも入れられるよ。

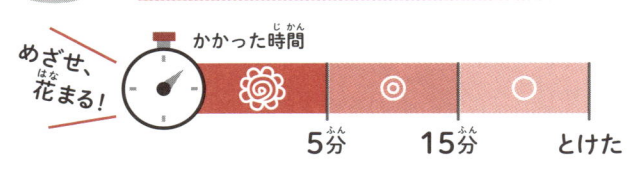

めざせ、花まる！

かかった時間

5分　15分　とけた

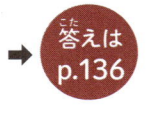

答えは p.136

といた日： 月 日

	あ	い	う	え	お	か	き	く	け
ア	6			1			7	3	4
イ	5		8			9	1	2	
ウ		7	4	6	2	3	8		
エ		1	3	5	7	4			2
オ	7		6				5		9
カ	4			9	8	6	3	1	
キ			9	4	3	7	2	5	
ク		4	1	2				9	8
ケ	2	5	7			1			3

使う数字：1 2 3 4 5 6 7 8 9

ヒント

ブロック5のあいたマスに入るのは、1と2と3。「同じ列に同じ数字は入らない」から、入るマスがわかるね。

めざせ、花まる！

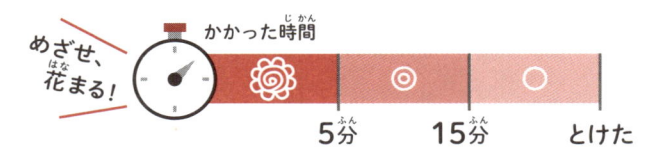

かかった時間

5分　15分　とけた

答えは
p.136

73

といた日： 月 日

	あ	い	う	え	お	か	き	く	け
ア		5	1		8	4	6		
イ	9	2		6		7	1	4	
ウ	6			2				3	8
エ		3	6	8	5	1		9	4
オ			5	3		2	7		
カ	8	4		7	6	9	5	1	
キ	5	6			8				9
ク		1	9	5		3		6	2
ケ		7	4	9		3	5		

使う数字：1 2 3 4 5 6 7 8 9

ヒント
ブロック5の真ん中の1マスに数字を入れたら、2マス
だけあいているタテ列やヨコ列をさがしてみよう。

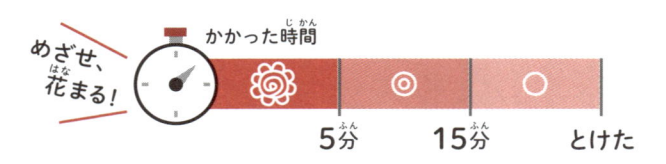

めざせ、
花まる！

かかった時間

5分　15分　とけた

答えは
p.136

といた日： 月 日

	あ	い	う	え	お	か	き	く	け
ア	7	3		2				4	9
イ	5		4	7		1		8	3
ウ		9	8		5	3	7		
エ	6	1			2	7	4	5	
オ			9	3		4	6		
カ		7	2	5	8			9	1
キ			6	1	7		8	3	
ク	3	8		6		9	1		7
ケ	1	2			5		6	4	

使う数字：1 2 3 4 5 6 7 8 9

ヒント

ブロック1で足りない数字は、1・2・6。「あ列」「い列」には1が、「い列」「う列」には2が入っているね。

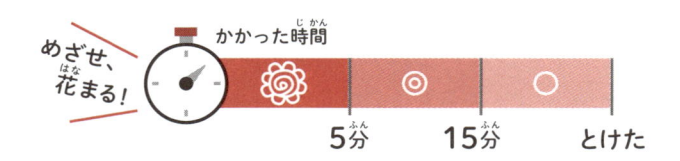

めざせ、花まる！

かかった時間

5分　15分　とけた

答えは p.136

75

057

といた日（ひ）：　月（がっ）　日（にち）

	あ	い	う	え	お	か	き	く	け
ア	3	7		2	8		5	1	6
イ	1	4		9	7			8	2
ウ			8				4		9
エ	8	9			6	7			
オ	6	2		1		3		9	5
カ				8	9			3	7
キ	9		6				7		
ク	7	8			1	5		4	3
ケ	5	1	4		3	9		6	8

使（つか）う数字（すうじ）：1 2 3 4 5 6 7 8 9

ヒント

あいているマスが2つだけの列（れつ）やブロックがあるね。まず、「ここなら入（い）れられそう」という場所（ばしょ）を見（み）つけよう。

めざせ、花（はな）まる！

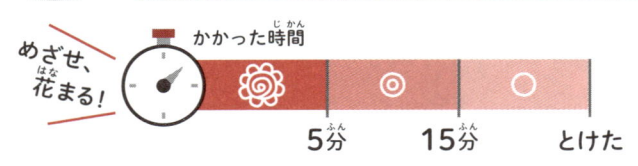

かかった時間（じかん）

5分（ふん）　　15分（ふん）　　とけた

答（こた）えは
p.137

といた日：　　月　　日

	あ	い	う	え	お	か	き	く	け
ア	7		1		5		8		6
イ	6			1		2			5
ウ		3	5	4		6	9	1	
エ		8		3	2	9		6	
オ	1	6	9				3	2	7
カ		4		6	1	7		8	
キ		7	3	2		4	1	5	
ク	2			7		5			4
ケ	4		6		9		2		3

使う数字：1 2 3 4 5 6 7 8 9

ヒント

「え列」や「か列」、ブロック5から、とき始めてみよう。
まずは、「え列」で5と9が入るマスを考えてみよう。

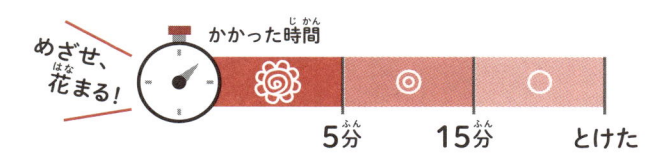

めざせ、花まる！

かかった時間

5分　15分　とけた

答えは p.137

059

といた日： 月 日

	あ	い	う	え	お	か	き	く	け
ア		5	4	3				2	1
イ	9	6		1		7	5		3
ウ	3				9		7	8	
エ	1	9		2	3			5	
オ			5	4		1	3		
カ		4			8	5		6	7
キ		2	1		4		6		8
ク	8		9	6		2		7	5
ケ	4	7				3	2	1	

使う数字：1 2 3 4 5 6 7 8 9

ヒント
「あ列」と「う列」に1があるから、ブロック1で1が入るマスがわかるね。この考え方はとてもよく使うよ。

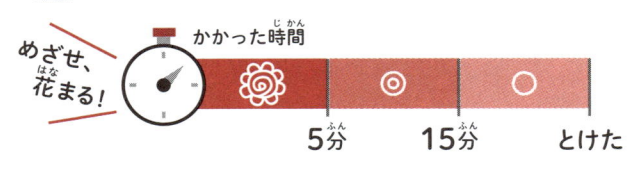

めざせ、花まる！

かかった時間

5分　15分　とけた

答えは p.137

といた日：　月　日

	あ	い	う	え	お	か	き	く	け
ア	9	7			1			6	3
イ			2	3		7	1		
ウ	1	3			2			5	8
エ	5		7	1		9	3		4
オ	2	4		8		3		1	6
カ	3		6	5		2	8		7
キ	4	5			9			8	2
ク			1	6		4	9		
ケ	6	9			3			7	1

使う数字：１２３４５６７８９

ヒント

ブロック５のあいている３マスは、ヨコ列を見ればすぐ入るね。ブロック４やブロック６も、ヨコ列を見よう。

めざせ、花まる！

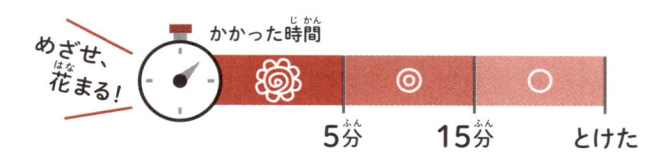

かかった時間

5分　15分　とけた

答えは
p.137

79

061

といた日：　月　日

	あ	い	う	え	お	か	き	く	け
ア	8	1		2	3	7	9		
イ		9	3			6		4	
ウ	5			1			3		8
エ		3	8		9			6	2
オ	7			5		1			4
カ	6	4			2		1	7	
キ	3		1			2			5
ク		7		9			2	8	
ケ			2	4	8	3		1	7

使う数字：1 2 3 4 5 6 7 8 9

ヒント

たくさんわかっている数字は入れやすいことが多いよ。1は6つも入っているね。まず1が入るマスをさがそう。

めざせ、花まる！

かかった時間

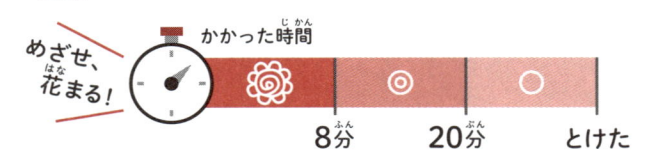

8分　20分　とけた

答えは p.137

062

といた<ruby>日<rt>ひ</rt></ruby>：　　<ruby>月<rt>がつ</rt></ruby>　　<ruby>日<rt>にち</rt></ruby>

	あ	い	う	え	お	か	き	く	け
ア	8	9	1			5	2		4
イ	7		4		8			5	
ウ		3			2	9	1	7	
エ		1			3			8	
オ	4		9	7		6	5		3
カ		5			9			4	
キ		7	2	8	6			9	
ク		4			5		6		7
ケ	5		3	9			8	1	2

<ruby>使<rt>つか</rt></ruby>う<ruby>数字<rt>すうじ</rt></ruby>：1 2 3 4 5 6 7 8 9

ヒント

5は6つ<ruby>入<rt>はい</rt></ruby>っているから、のこりの5もすぐに<ruby>入<rt>はい</rt></ruby>るよ。
でも、6つ<ruby>入<rt>はい</rt></ruby>っていても9はすぐに<ruby>決<rt>き</rt></ruby>まらないんだ。

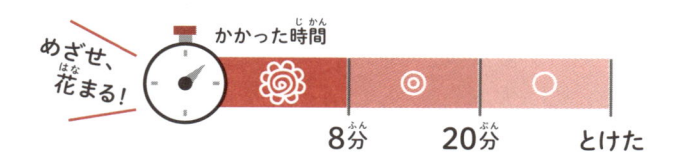

<ruby>目<rt></rt></ruby>ざせ、<ruby>花<rt>はな</rt></ruby>まる！　　かかった<ruby>時間<rt>じかん</rt></ruby>

8<ruby>分<rt>ふん</rt></ruby>　　20<ruby>分<rt>ぷん</rt></ruby>　　とけた

<ruby>答<rt>こた</rt></ruby>えは
p.137

といた日： 月 日

	あ	い	う	え	お	か	き	く	け
ア			3	8	2			1	6
イ			1	5		3		8	7
ウ	8	4			6		5		
エ	7	5		6		4		9	
オ	9		8				1		4
カ		6		3		8		7	5
キ			5		8			3	9
ク	4	9		7		2	8		
ケ	3	8			5	1	6		

使う数字：1 2 3 4 5 6 7 8 9

ヒント

もう8つも入っている数字があるよ。さがしてあと1つを入れよう。5や6も入れやすいよ。

めざせ、花まる！

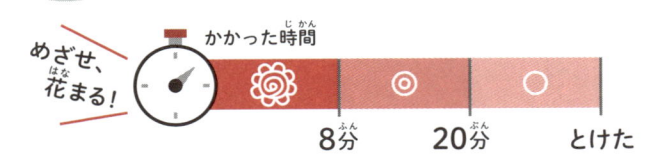

かかった時間

8分 20分 とけた

答えは p.137

といた日：　月　日

	あ	い	う	え	お	か	き	く	け
ア		5			7	9	6		
イ	9	4	2	1				7	
ウ		6			2	5	1		3
エ		3			9		7		2
オ	6			7	3		8	4		9
カ	8			9		4		6	
キ	1			3	5	8		4	
ク		7				6	8	5	1
ケ			6	2	1			3	

使う数字：1 2 3 4 5 6 7 8 9

ヒント

たくさん入っている数字は6だね。1はたくさん入っているけど、すぐに入れられないから、あとにしよう。

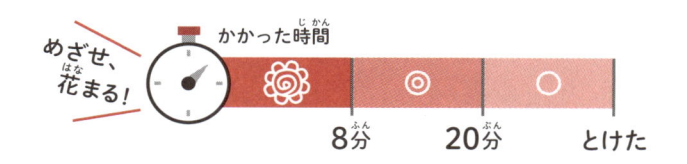

めざせ、花まる！

かかった時間　8分　20分　とけた

→ 答えは p.137

065

といた日: 月 日

	あ	い	う	え	お	か	き	く	け
ア	5	9			7		6		
イ	1	8		2	3		7	9	
ウ	6			5	8			3	4
エ				9		1	3		8
オ		3	9				4	2	
カ	4			6	8		3		
キ	7	5			9	2			6
ク		4	8		5	7		1	9
ケ			2		1			7	3

使う数字：1 2 3 4 5 6 7 8 9

ヒント

ブロック2のマス「えア」は「か列」、ブロック8のマス「かケ」は「え列」に入っている数字を見れば、入れられるね。

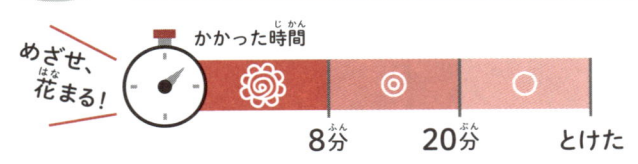

めざせ、花まる！

かかった時間

8分　20分　とけた

答えは
p.138

84

といた日： 月 日

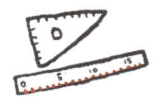

	あ	い	う	え	お	か	き	く	け
ア		2	7	4	5				
イ		4			9		6	2	7
ウ			6	1			4		8
エ				9	8	7	2		1
オ	9	6	8				7	4	3
カ	7		2	3	6	4			
キ	1		4			5	9		
ク	6	8	5		4			3	
ケ				1	8	5	7		

使う数字：1 2 3 4 5 6 7 8 9

ヒント

ブロック4やブロック6は、どのマスが入れやすいかな。
ヨコ列の数字をヒントにしよう。

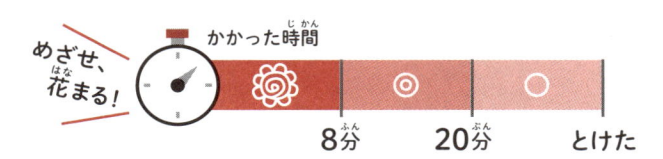

めざせ、花まる！

かかった時間

8分　20分　とけた

答えは
p.138

といた日： 月 日

	あ	い	う	え	お	か	き	く	け
ア		6	2	9		5		8	
イ		4			1		2		9
ウ	8		5		7		4		6
エ	9		7		8		4		
オ		1		6		2		3	
カ		3		4			9		1
キ	3		6		8		1		2
ク	4		9		2			6	
ケ		5		3		9	8	7	

使う数字：1 2 3 4 5 6 7 8 9

ヒント

どの数字からといてもいいよ。いちばんたくさん入って
いる数字は9。6と8も多いかな。

めざせ、
花まる！

かかった時間

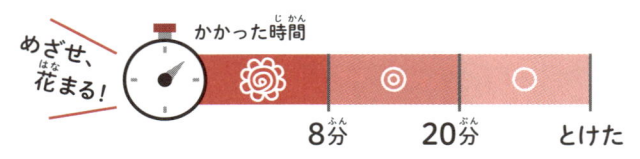

8分　20分　とけた

答えは
p.138

といた日： 月 日

	あ	い	う	え	お	か	き	く	け
ア			3	7		6	9		
イ		4		1		8		5	
ウ	8		9		3		1		7
エ	5			2	1	3			9
オ		1	6				2	3	
カ	9			6	4	7			5
キ	4		5		8		7		1
ク		2		4		1		9	
ケ			1	9		5	4		

使う数字：1 2 3 4 5 6 7 8 9

ヒント

1つのマスに数字が入ると、それが次のヒントになるよ。
ブロック5に8が入ると、5が入るマスがわかるんだ。

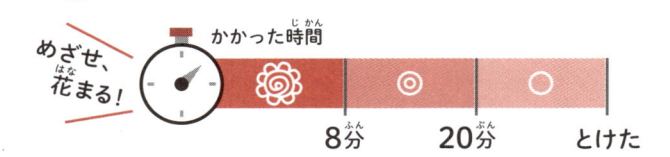

めざせ、花まる！

かかった時間

8分 20分 とけた

答えは p.138

069

といた日：　月　日

	あ	い	う	え	お	か	き	く	け
ア		2	6	9			1	3	
イ	3				7	5			8
ウ		1	8				9		4
エ	2			3	8		4		7
オ	8		4				6		9
カ	6		5		9	1			3
キ	4		3				5	8	
ク	9			6	5				1
ケ		5	2			4	7	9	

使う数字：1 2 3 4 5 6 7 8 9

ヒント

ブロック4で9が入るマスはわからないね。でも、「い列」をヒントに1を入れれば、9の入るマスがわかるよ。

めざせ、花まる！

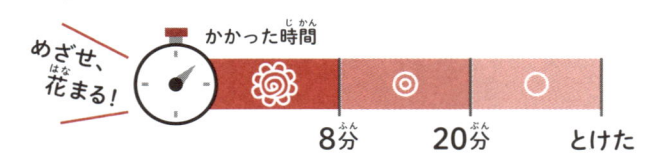

かかった時間

8分　20分　とけた

答えは p.138

070

といた日：　月　日

	あ	い	う	え	お	か	き	く	け
ア	5	3	4		9	8	6	7	
イ	9	6				5	1		
ウ			8		3			4	
エ				7		4			6
オ	2	7	6				5	9	4
カ	1			9		2			
キ		2			4		7		
ク			1	6				5	8
ケ		5	7	3	8		4	2	9

使う数字：1 2 3 4 5 6 7 8 9

ヒント

ブロック1やブロック9はすぐ入るけど、「たくさんわかっている数字」からとくやり方もためしてみよう。

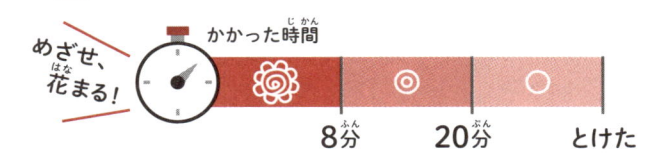

めざせ、花まる！

かかった時間

8分　20分　とけた

答えは
p.138

071

	あ	い	う	え	お	か	き	く	け
ア		1		5	9	3		2	
イ	9		6				5		7
ウ	3		2		8		1		4
エ		3		6		1		7	
オ			7	3		2	6		
カ		4		8		9		1	
キ	8		9		6		3		1
ク	5		1				4		2
ケ		6		1	2	5		8	

使う数字：1 2 3 4 5 6 7 8 9

ヒント

たくさん入っている数字がヒントになるよ。まずは1が入りそうだ。ほかにたくさん入っている数字はどれかな。

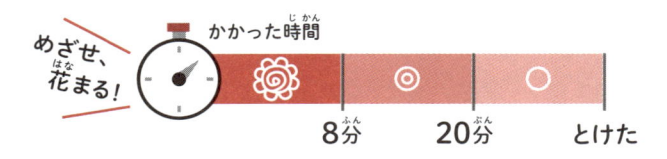

めざせ、花まる！

かかった時間

8分　20分　とけた

答えは p.138

といた日： 月 日

	あ	い	う	え	お	か	き	く	け
ア	3		8	9					4
イ				4		1	8	9	
ウ	9				5	2	3	7	
エ	1	8			6		4	2	
オ			4	7		3	6		
カ		2	6		8			5	3
キ		1	7	6	4				9
ク		3	9	2		5			
ケ	8					7	1		2

使う数字：1 2 3 4 5 6 7 8 9

ヒント

「いちばん多い数字は？」なんて数えなくてもいいんだよ。「たくさんありそうだ」と思った数字がヒントだ！

めざせ、花まる！

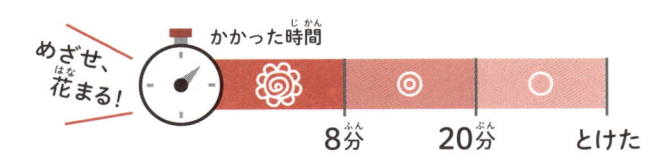

かかった時間

8分　20分　とけた

答えは
p.138

073

	あ	い	う	え	お	か	き	く	け
ア				7		5			
イ		3	4		1		6	8	
ウ	7	9						4	2
エ	8	2			3			9	5
オ			7	6		8	1		
カ	9	1			7			6	4
キ	2	6						7	1
ク		4	5		6		2	3	
ケ				1		4			

使う数字：1 2 3 4 5 6 7 8 9

ヒント

「イ列」と「ウ列」に4があるから、ブロック2で4が入るマスは…。このとき方はできるようになったかな？

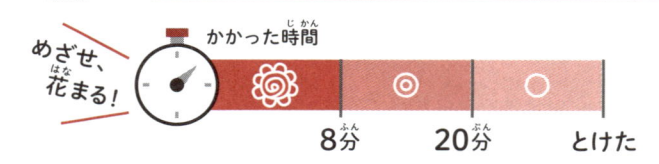

めざせ、花まる！

かかった時間

8分　20分　とけた

答えは p.139

といた日： 月 日

	あ	い	う	え	お	か	き	く	け
ア		6	3		9		7	8	
イ			9		4		3		
ウ	7			1		6			9
エ		8		4		9		2	
オ	9	2						3	6
カ		1		3		7		9	
キ	8			5		3			2
ク			2		8		5		
ケ		3	4		1		9	7	

使う数字：1 2 3 4 5 6 7 8 9

ヒント

9は7つも入っているからすぐわかるね。でも、4つしか入っていない7だって、すべて入れられるんだよ。

めざせ、花まる！

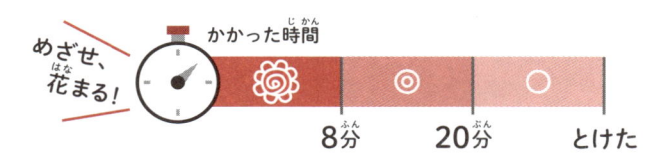

かかった時間

8分　20分　とけた

答えは p.139

075

といた日: 月 日

	あ	い	う	え	お	か	き	く	け
ア	8			1	9	6	7		
イ		1			8	2			3
ウ	6		4					1	
エ		5		8			2		9
オ		2		6		7		4	
カ	7		1			4		3	
キ		4					5		1
ク	9			3	1			2	
ケ			8	2	4	5			6

使う数字：1 2 3 4 5 6 7 8 9

ヒント

ブロック2やブロック8はすぐ入りそうに見えるけど、
どうかな？　全部入らなかったらほかの場所を考えよう。

めざせ、
花まる！

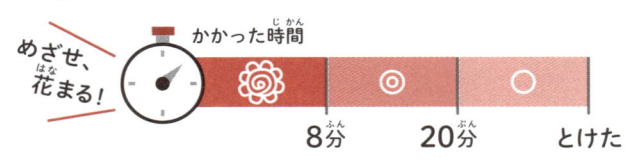

かかった時間

8分　　20分　　とけた

答えは
p.139

076

といた日： 月 日

	あ	い	う	え	お	か	き	く	け
ア				6	5		7		
イ		2	5			9		3	
ウ	7				8	3		5	
エ		9	3	4		2			7
オ	1		6				2		5
カ	4			5		7	9	6	
キ		4		1	2				9
ク		6		9			3	8	
ケ			7		3	4			

使う数字：1 2 3 4 5 6 7 8 9

ヒント

ヒントはどれも1つのれいだよ。とき方に決まりなんてないんだ。自分なりにくふうしてといてみてね。

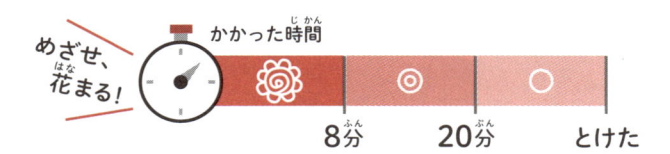

めざせ、花まる！

かかった時間

8分　20分　とけた

答えは p.139

077

といた日：　月　日

	7			3		6		9
	3			8		7		4
5		2		4			1	
	1		8		7		9	
9		3				5		6
	6		5		3		8	
	4			5		2		1
6		9		7			4	
8		1		2			3	

使う数字：1 2 3 4 5 6 7 8 9

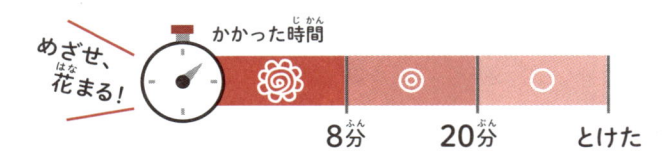

めざせ、花まる！

かかった時間

8分　20分　とけた

答えは p.139

078

といた日： 月 日

9	3		7	6			8	
6			3			5	1	
		8			2	9		
	6	7		1	5			
8	5						3	2
			8	4		6	7	
		3	5			4		
	2	9			8			6
	1			7	4		2	8

使う数字：1 2 3 4 5 6 7 8 9

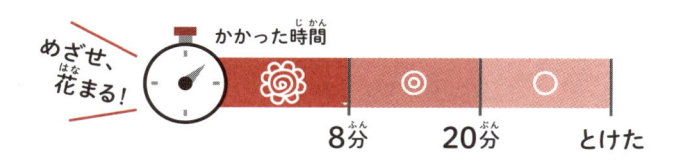

めざせ、花まる！

かかった時間

8分　20分　とけた

答えは p.139

といた日： 月 日

3	1	6				9		
				8	1		3	4
7		4	2			5		
	2			5		6		
	6		9		3		8	
	5			1			7	
	2				8	1		7
6	3		7	4				
	8					2	6	3

使う数字：1 2 3 4 5 6 7 8 9

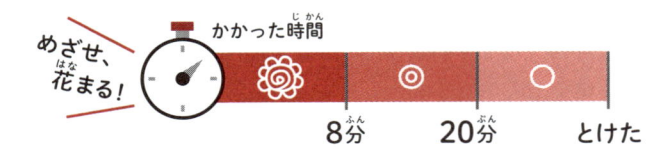

めざせ、花まる！ かかった時間 8分 20分 とけた

答えは p.139

といた日： 月 日

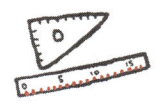

	4	9		1				
		2		6	7			3
3					5		7	9
5	2		6		4			
	9	7				4	2	
			8		2		9	6
8	3		7					2
2			1	4		3		
				8		6	5	

使う数字：1 2 3 4 5 6 7 8 9

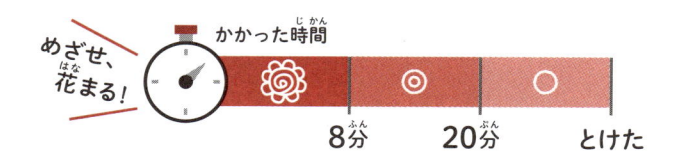

めざせ、花まる！

かかった時間

8分　20分　とけた

答えは p.139

081

といた日： 月 日

7	9			4	8			
8			9			5	3	
		3		7			4	
	5		2		1			9
1		9				3		2
3			5		4		6	
	7			8		6		
	2	8			6			3
			1	2			7	4

使う数字：1 2 3 4 5 6 7 8 9

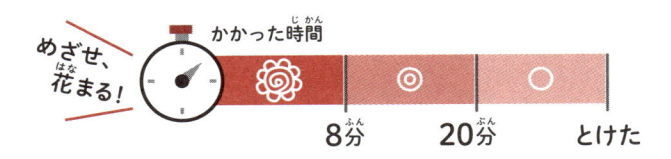

めざせ、花まる！ かかった時間 8分 20分 とけた

答えは p.140

	4	7					9	
1				8	2	7		4
3				7			5	
			7		6			5
7	1	4				9	2	6
2			9		4			
	5			9				7
9		1	8	3				2
	8					5	1	

使う数字：**1 2 3 4 5 6 7 8 9**

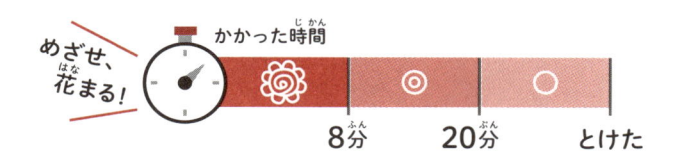

083

といた日：　月　日

4	6				3		8	1
8				1	5	6		3
		7				6		
	8				1		7	
1				2		7		8
	5				9		2	
		4				8		
2				5	8	3		9
6	3				4		1	7

使う数字：1 2 3 4 5 6 7 8 9

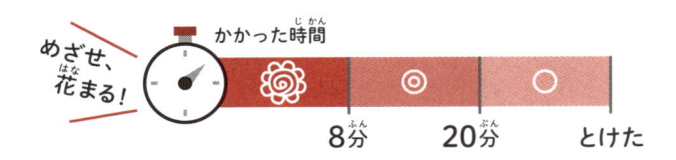

めざせ、花まる！　かかった時間　8分　20分　とけた

答えは p.140

084

といた日： 月 日

7		5	1					8
6		1			7	9		5
				4	6			1
	6		8	1			4	
	9						7	
	2			6	5		1	
8			9	2				
3		9	4			6		2
2					8	3		7

使う数字：1 2 3 4 5 6 7 8 9

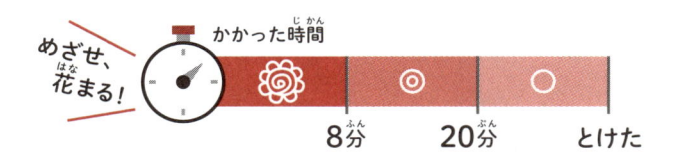

めざせ、花まる！ かかった時間 8分 20分 とけた

答えは p.140

085

といた日： 月 日

		8	9		5	6		
	4			7			5	
3	5						4	1
		2		8		5		
4		9	1		3	7		6
		1		9		4		
1	6						8	7
	2			6			9	
		5	7		2	3		

使う数字：1 2 3 4 5 6 7 8 9

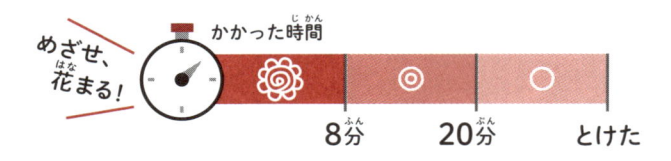

めざせ、花まる！

かかった時間

8分　20分　とけた

答えは p.140

086

といた日：　　月　　日

3				2				5
8			3		4			6
	4	1		5		3	2	
	2		5		1		3	
		6				5		
	8		2		7		6	
	9	5		1		4	7	
7			9		6			1
2				3				9

使う数字：１２３４５６７８９

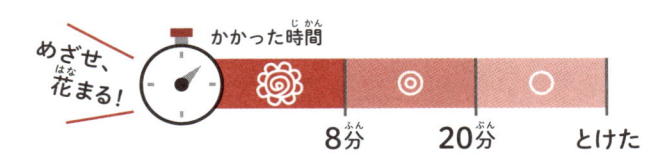

めざせ、花まる！ かかった時間 8分 20分 とけた

答えは p.140

087

といた日：　月　日

8		1			4			5
	3			6		8	9	
	9			2				7
6		4		1				
	5		6		7		3	
				9		4		2
3			4			5		
	2	7		8			4	
1			3			7		6

使う数字：1 2 3 4 5 6 7 8 9

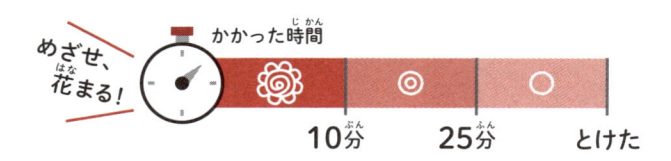

めざせ、花まる！　かかった時間　10分　25分　とけた

答えは
p.140

088

といた日：　月　日

	6			8			2	
		5	7		1	6		
9				5				1
1			6		4			9
	7		3		2		1	
2			5		8			3
8				3				7
		7	2		9	8		
	3			4			5	

使う数字：1 2 3 4 5 6 7 8 9

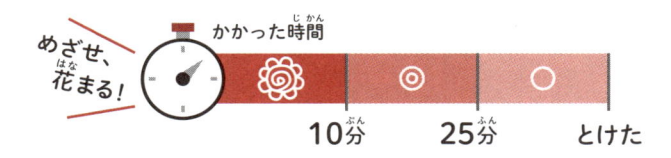

めざせ、花まる！　かかった時間　10分　25分　とけた

答えは p.140

といた日：　月　　日

3					6	9				5
	5	4						3	
		7	5			2	6	
9			4		7	1		
1								4
		2	9		3			7
	1	8			5	9		
	3					4	8	
7			6	2				3

使う数字：**1 2 3 4 5 6 7 8 9**

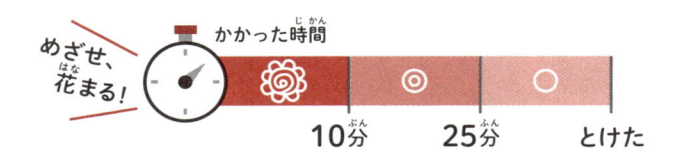

めざせ、花まる！

かかった時間

10分　　**25分**　　とけた

答えは
p.141

090

といた日： 月 日

		8	5			6		
		3		1		8		
4	7			9			3	2
5			2		3			
	6	2				5	4	
			4		1			8
9	4			8			2	1
		6		4		7		
		1			7	4		

使う数字：1 2 3 4 5 6 7 8 9

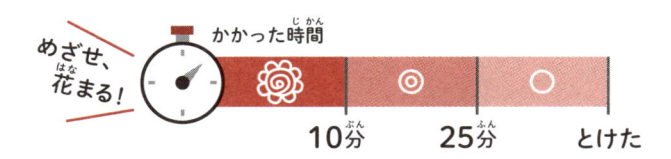

めざせ、花まる！ かかった時間 10分 25分 とけた

答えは p.141

091

といた日： 月 日

4		6	2				3	9
2		5	8					
			7				5	8
			3				1	4
	9	1		5	6			
7	3		4					
1	9		6					
				7	8			5
3	5			2	4			1

使う数字：１２３４５６７８９

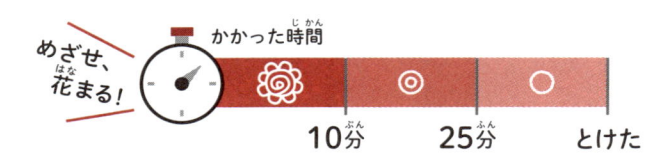
めざせ、花まる！ かかった時間 10分 25分 とけた

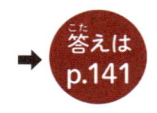
答えは p.141

092

		1			4	2		
8				5			9	
9			1		6			3
		7		6		5		1
	5		2		9		3	
2		4		3		6		
4			8		1			6
	7			4			1	
		3	5			7		

使う数字：1 2 3 4 5 6 7 8 9

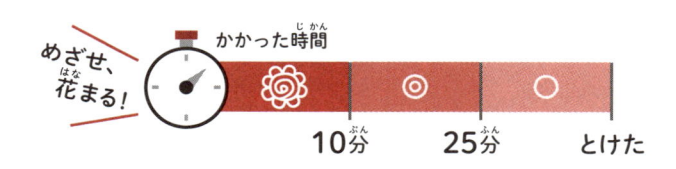

めざせ、花まる！ かかった時間 10分 25分 とけた

答えは p.141

といた日（ひ）： 月（がつ） 日（にち）

			3	9				5
	2	1			5	6		
6							9	7
3			6	2				
	5	8				2	1	
				7	1			9
4	9							8
		3	8			4	7	
5				6	2			

使う数字（つかうすうじ）：**1 2 3 4 5 6 7 8 9**

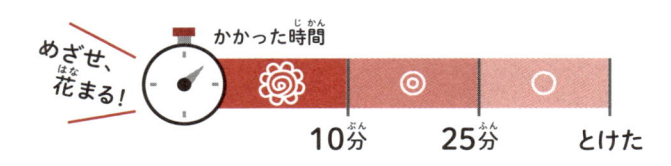

めざせ、花（はな）まる！

かかった時間（じかん）

10分（ふん） 25分（ふん） とけた

答（こた）えは p.141

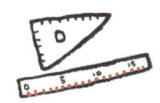

といた日： 月 日

			9	1	5			
9		7				2		1
	6			3			8	
1				7				6
	8		4		2		3	
4				8				5
	7			9			1	
6		8				5		3
			8	6	1			

使う数字：1 2 3 4 5 6 7 8 9

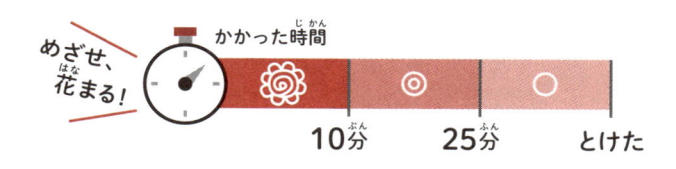

めざせ、花まる！　かかった時間　10分　25分　とけた

答えは p.141

095

といた日： 月 日

	9	1			8	7		
4							6	
6			4	9	2			3
5				1		9		
	2						1	
		3		6				2
3			8	5	1			4
	1							7
		6	9			5	3	

使う数字：1 2 3 4 5 6 7 8 9

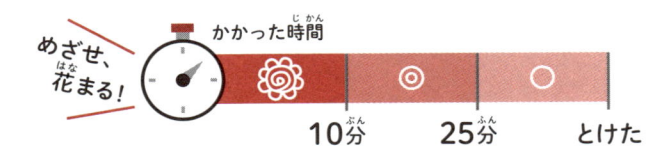

めざせ、花まる！ かかった時間 10分 25分 とけた

答えは p.141

096

といた日： 月 日

			6			8	4	
7				2				3
	5	8			3			
4			3			9	2	
5			8		7			1
	8	3			1			4
			9			7	1	
3				5				2
	7	6			4			

使う数字：1 2 3 4 5 6 7 8 9

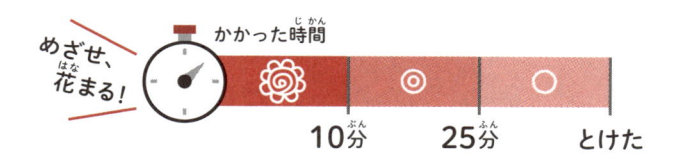

めざせ、花まる！ かかった時間 10分 25分 とけた

答えは p.141

といた日：　月　日

	7			5			8	6
1			3		7			5
		8				4		
	9			6			1	
7			2		9			4
	1			4			3	
		1				5		
3			1		4			9
8	6			7			2	

使う数字：１２３４５６７８９

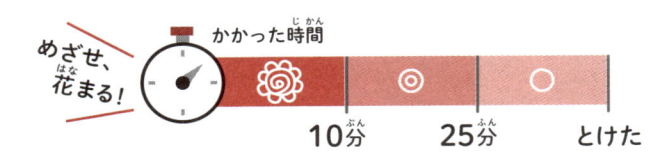

答えは
p.142

といた日： 月 日

8					7			6
		5	8		4	2		
	4			5				3
			3		2			9
	2	9				4	1	
6			4		5			
5				2			3	
		1	6		7	9		
	7			8				2

使う数字：1 2 3 4 5 6 7 8 9

めざせ、花まる！ かかった時間 10分 25分 とけた

答えは p.142

といた日：　月　　日

	9	3						2
		8			9	1		5
2			6			4		
			5	6			3	
6	8						2	7
	7			2	4			
		1			3			6
5		9	7			2		
7						3	5	

使う数字：**1 2 3 4 5 6 7 8 9**

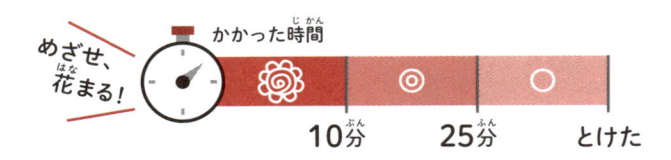

めざせ、花まる！　かかった時間　10分　25分　とけた

答えは p.142

3					1			9
	2			7			3	
	6			2			8	
		6	9		3	7		4
9								5
5		1	2		8	6		
	4			9			6	
	9			1			7	
7			4					8

<ruby>使<rt>つか</rt></ruby>う<ruby>数字<rt>すうじ</rt></ruby>：１２３４５６７８９

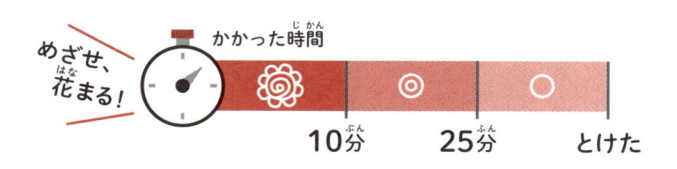

<ruby>答<rt>こた</rt></ruby>えは
p.142

休み時間だよ。
ちがうパズルで
ひと休みしよう。

〈れい〉

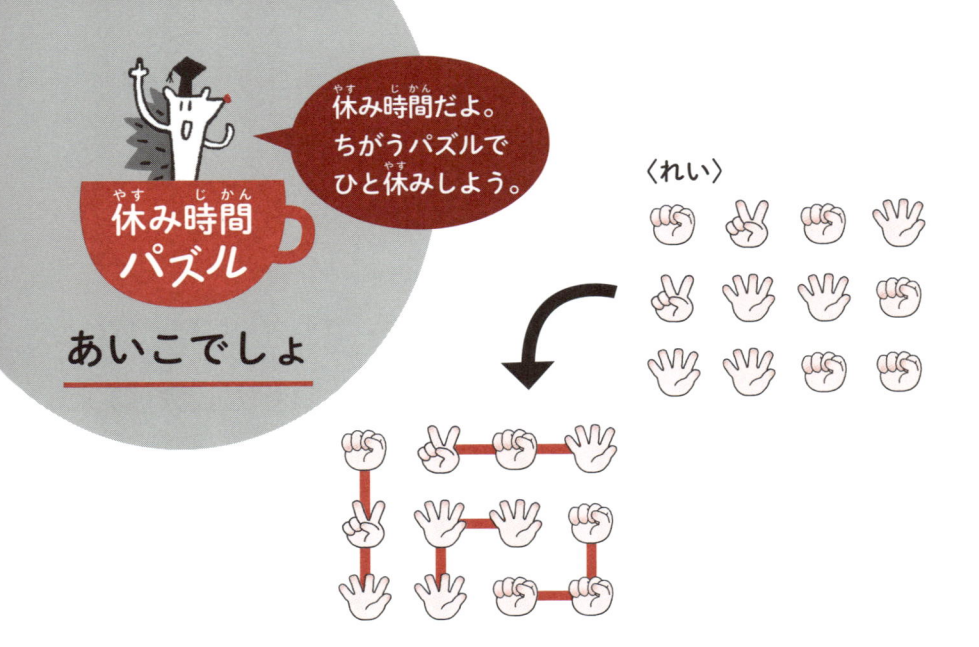

〈問題〉

すべてのグー・チョキ・パーを、タテかヨコに３つずつつなぎましょ
う。ただし、つながれた３つはあいこになっていなければいけません。

答えは
p.142

なぞの計算式

なぞのうちゅう人がやってきたよ。
うちゅう人が表す数字をつきとめよう。

【ルールととき方（かた）】

なぞのうちゅう人（じん）が地球（ちきゅう）にやってきた！ うちゅう人（じん）は、それぞれ数字（すうじ）を表（あらわ）しています。右と下にある数字はその列（れつ）の合計（ごうけい）です。だれがどの数字（すうじ）を表（あらわ）しているのかを考（かんが）えてください。同（おな）じ数字（すうじ）のうちゅう人（じん）はいませんよ。ここでは1から4の数字（すうじ）を表（あらわ）しています。

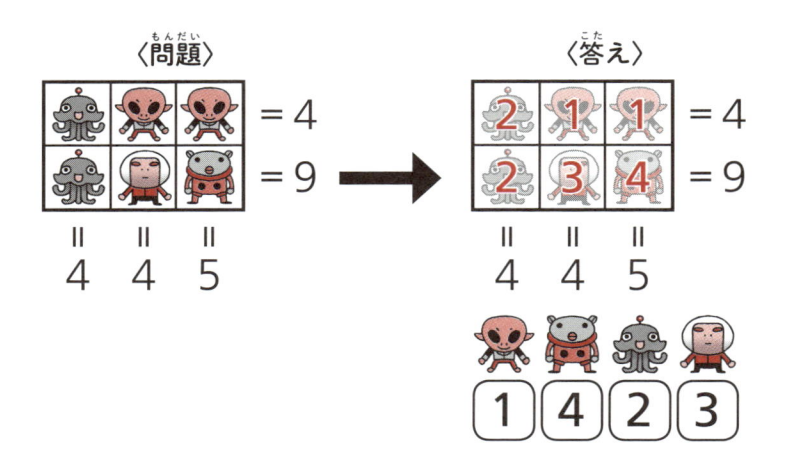

〈問題（もんだい）〉 〈答（こた）え〉

いっしょに右（みぎ）の問題（もんだい）をといてみよう。

$= 4$

$= 9$

1 いちばん左のタテ列に、がならんでいますね。2人は同じうちゅう人ですから、同じ数字を表しています。同じ数字を足して4になるのは、2のみですから、は「2」に決まります。

2 が2なのですから、ヨコ列の上の＋の答えは2になります。ここから、が「1」であることがわかります。がわかれば、のこりのが「3」、が「4」というのも決まります。

3 ヨコ列の上に注目してとき始めることもできます。このとき、はいくつと考えられるでしょう？　たとえば2とすると、この列の合計は4より大きくなってしまいます。が「1」であることから、が「2」であることもわかります。

4 さらに上級のとき方です。ヨコ列の下に注目すると、1から4のうち、3つのちがう数字を足して9になります。使うのはどの数字でしょうか。なんとその組み合わせは「2・3・4」しかないのです。そのうち4になるのは　しかありません。

といた日： 月 日

なぞのうちゅう人が地球にやってきた！
うちゅう人は、それぞれ1から3の数字を表しています。右と下にある数字はその列の合計です。だれがどの数字を表しているのかを考えてください。同じ数字のうちゅう人はいませんよ。

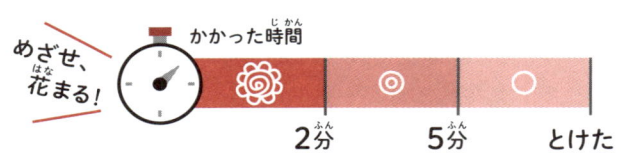

めざせ、花まる！ かかった時間 2分 5分 とけた

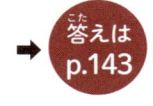 答えは p.143

といた日<ruby>日<rt>ひ</rt></ruby>：　　<ruby>月<rt>がつ</rt></ruby>　　<ruby>日<rt>にち</rt></ruby>

うちゅう<ruby>人<rt>じん</rt></ruby>は、それぞれ1から4の<ruby>数字<rt>すうじ</rt></ruby>を<ruby>表<rt>あらわ</rt></ruby>しています。

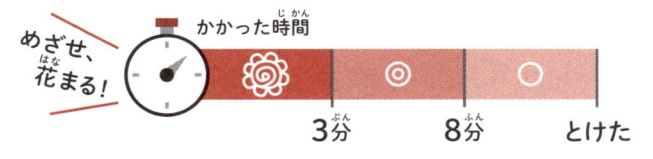

答<ruby>答<rt>こた</rt></ruby>えは
p.143

といた日： 月 日

うちゅう人は、それぞれ１から５の数字を表しています。

$= 10$

$= 8$

$\parallel$　$\parallel$　$\parallel$
5　　8　　5

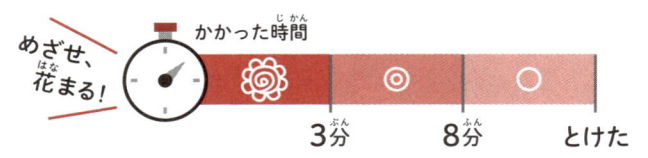

めざせ、
花まる！

かかった時間

3分　8分　とけた

答えは
p.143

といた日： 月 日

うちゅう人は、それぞれ1から6の数字を表しています。

$= 12$

$= 15$

$= 4$

$12 \quad 11 \quad 8$

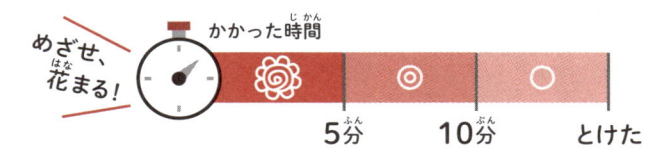

めざせ、花まる！

かかった時間

5分 10分 とけた

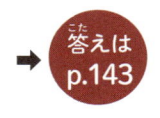

答えは p.143

といた日（ひ）： 月（がつ）　日（にち）

うちゅう人（じん）は、それぞれ1から6の数字（すうじ）を表（あらわ）しています。

めざせ、花（はな）まる！

かかった時間（じかん）

5分（ふん）　10分（ぷん）　とけた

➡ 答（こた）えは p.143

答え

ANSWER

問題がとけたら、答え合わせをしましょう！
まちがっていたら、もう一度といてみましょう！

001

4	2	1	3
3	1	2	4
1	3	4	2
2	4	3	1

002

1	3	4	2
2	4	3	1
3	1	2	4
4	2	1	3

003

3	2	4	1
4	1	2	3
2	3	1	4
1	4	3	2

004

2	4	3	1
1	3	4	2
4	1	2	3
3	2	1	4

005

3	4	2	1
2	1	3	4
4	2	1	3
1	3	4	2

006

4	2	3	1
1	3	4	2
3	1	2	4
2	4	1	3

007

1	2	3	4
4	3	2	1
3	4	1	2
2	1	4	3

008

1	3	2	4
4	2	3	1
3	1	4	2
2	4	1	3

009

1	4	2	3
2	3	4	1
3	2	1	4
4	1	3	2

010

3	1	4	2
2	4	3	1
1	3	2	4
4	2	1	3

011

4	3	2	1
1	2	4	3
2	1	3	4
3	4	1	2

012

4	1	2	3
3	2	1	4
2	3	4	1
1	4	3	2

013

4	2	1	3
1	3	4	2
3	1	2	4
2	4	3	1

014

3	2	4	1
1	4	2	3
4	3	1	2
2	1	3	4

015

2	4	3	1
3	1	4	2
1	3	2	4
4	2	1	3

016

1	2	4	3
3	4	1	2
2	1	3	4
4	3	2	1

017

2	4	1	3	6	5
3	6	5	1	2	4
5	3	2	4	1	6
6	1	4	5	3	2
1	5	6	2	4	3
4	2	3	6	5	1

018

3	4	5	6	2	1
2	6	1	5	3	4
1	5	3	2	4	6
6	2	4	3	1	5
4	3	6	1	5	2
5	1	2	4	6	3

019

2	5	4	1	3	6
1	6	3	2	4	5
6	1	5	3	2	4
4	3	2	6	5	1
3	4	6	5	1	2
5	2	1	4	6	3

020

1	4	5	3	6	2
3	6	2	5	1	4
6	2	4	1	5	3
5	1	3	4	2	6
2	3	1	6	4	5
4	5	6	2	3	1

021

1	6	5	2	3	4
3	4	2	5	1	6
4	1	6	3	5	2
5	2	3	6	4	1
6	3	1	4	2	5
2	5	4	1	6	3

022

6	4	1	2	5	3
2	3	5	4	6	1
4	1	6	5	3	2
5	2	3	1	4	6
3	5	2	6	1	4
1	6	4	3	2	5

023

1	2	4	5	6	3
6	5	3	2	1	4
2	4	6	1	3	5
3	1	5	4	2	6
4	3	2	6	5	1
5	6	1	3	4	2

024

5	1	6	3	2	4
2	3	4	6	5	1
3	4	2	1	6	5
1	6	5	2	4	3
6	5	3	4	1	2
4	2	1	5	3	6

025

1	4	6	2	3	5
2	3	5	1	6	4
3	6	4	5	1	2
5	2	1	3	4	6
4	1	2	6	5	3
6	5	3	4	2	1

026

2	5	1	3	4	6
6	3	4	2	5	1
5	1	3	4	6	2
4	2	6	5	1	3
3	6	5	1	2	4
1	4	2	6	3	5

027

2	3	4	1	5	6
1	6	5	4	3	2
6	1	2	5	4	3
4	5	3	6	2	1
5	2	1	3	6	4
3	4	6	2	1	5

028

6	4	3	2	1	5
5	1	2	4	6	3
3	5	1	6	4	2
4	2	6	5	3	1
2	3	4	1	5	6
1	6	5	3	2	4

029

6	4	1	2	5	3
5	2	3	4	6	1
3	5	2	6	1	4
1	6	4	3	2	5
2	3	5	1	4	6
4	1	6	5	3	2

030

3	5	1	2	6	4
4	2	6	3	5	1
5	6	3	1	4	2
2	1	4	6	3	5
1	3	5	4	2	6
6	4	2	5	1	3

031

3	2	4	6	5	1
6	5	1	2	4	3
1	4	5	3	6	2
2	3	6	4	1	5
5	6	2	1	3	4
4	1	3	5	2	6

032

5	1	3	2	4	6
2	6	4	5	3	1
3	4	5	1	6	2
1	2	6	3	5	4
4	5	2	6	1	3
6	3	1	4	2	5

033

6	5	1	4	3	2
3	2	4	6	1	5
5	4	6	1	2	3
1	3	2	5	6	4
4	1	3	2	5	6
2	6	5	3	4	1

034

5	2	1	4	6	3
6	3	4	1	5	2
4	5	3	6	2	1
2	1	6	3	4	5
1	6	5	2	3	4
3	4	2	5	1	6

035

1	5	2	4	6	3
4	6	3	1	5	2
5	3	4	2	1	6
6	2	1	5	3	4
3	4	5	6	2	1
2	1	6	3	4	5

036

2	6	1	4	5	3
5	3	4	2	1	6
3	2	5	1	6	4
4	1	6	5	3	2
1	4	3	6	2	5
6	5	2	3	4	1

037

6	3	4	2	5	1
2	1	5	3	6	4
4	2	1	6	3	5
5	6	3	1	4	2
3	5	2	4	1	6
1	4	6	5	2	3

038

6	5	1	2	4	3
3	2	4	5	6	1
2	3	5	4	1	6
1	4	6	3	5	2
5	1	2	6	3	4
4	6	3	1	2	5

039

5	1	2	6	4	3
6	4	3	1	5	2
2	5	4	3	1	6
3	6	1	5	2	4
4	3	5	2	6	1
1	2	6	4	3	5

040

6	3	1	4	2	5
5	4	2	3	6	1
4	5	6	1	3	2
1	2	3	5	4	6
2	1	4	6	5	3
3	6	5	2	1	4

041

1	6	3	4	5	2
2	5	4	1	3	6
5	2	1	3	6	4
4	3	6	5	2	1
6	1	5	2	4	3
3	4	2	6	1	5

042

1	5	2	4	6	3
4	6	3	2	1	5
6	1	5	3	2	4
3	2	4	1	5	6
2	3	6	5	4	1
5	4	1	6	3	2

043

1	6	4	5	3	2
2	3	5	4	6	1
5	2	6	1	4	3
4	1	3	2	5	6
6	5	2	3	1	4
3	4	1	6	2	5

044

4	1	3	5	2	6
6	5	2	4	3	1
2	3	4	6	1	5
1	6	5	2	4	3
5	4	1	3	6	2
3	2	6	1	5	4

045

1	4	3	2	6	5
5	6	2	1	3	4
2	5	6	4	1	3
4	3	1	5	2	6
6	1	5	3	4	2
3	2	4	6	5	1

046

6	1	2	5	3	4
5	4	3	1	6	2
4	5	1	3	2	6
3	2	6	4	5	1
2	3	4	6	1	5
1	6	5	2	4	3

047

6	1	2	4	5	3
4	3	5	1	2	6
2	6	4	5	3	1
3	5	1	2	6	4
1	2	3	6	4	5
5	4	6	3	1	2

048

3	4	2	5	6	1
5	1	6	2	4	3
2	3	5	6	1	4
4	6	1	3	2	5
6	5	4	1	3	2
1	2	3	4	5	6

049

2	1	3	5	6	4
6	5	4	2	1	3
1	2	6	3	4	5
4	3	5	1	2	6
3	6	1	4	5	2
5	4	2	6	3	1

050

2	4	3	1	6	5
6	5	1	4	3	2
1	6	5	2	4	3
3	2	4	5	1	6
5	1	6	3	2	4
4	3	2	6	5	1

051

6	1	2	3	4	5	7	8	9
5	7	8	9	2	1	4	6	3
3	4	9	8	6	7	2	5	1
8	9	5	2	3	4	1	7	6
4	3	1	5	7	6	8	9	2
7	2	6	1	9	8	5	3	4
1	5	3	4	8	9	6	2	7
2	6	4	7	5	3	9	1	8
9	8	7	6	1	2	3	4	5

052

8	1	9	6	3	2	5	7	4
2	3	4	5	7	9	6	1	8
5	6	7	8	1	4	9	3	2
4	5	3	1	2	8	7	6	9
6	9	2	4	5	7	3	8	1
1	7	8	3	9	6	2	4	5
9	2	1	7	8	3	4	5	6
7	8	6	9	4	5	1	2	3
3	4	5	2	6	1	8	9	7

053

7	6	4	1	3	8	5	9	2
5	3	2	6	4	9	7	8	1
8	1	9	2	7	5	4	6	3
9	2	5	3	6	7	1	4	8
1	7	8	5	9	4	3	2	6
6	4	3	8	2	1	9	5	7
4	9	6	7	1	2	8	3	5
3	5	7	4	8	6	2	1	9
2	8	1	9	5	3	6	7	4

054

6	9	2	1	5	8	7	3	4
5	3	8	7	4	9	1	2	6
1	7	4	6	2	3	8	9	5
9	1	3	5	7	4	6	8	2
7	8	6	3	1	2	5	4	9
4	2	5	9	8	6	3	1	7
8	6	9	4	3	7	2	5	1
3	4	1	2	6	5	9	7	8
2	5	7	8	9	1	4	6	3

055

3	5	1	9	8	4	6	2	7
9	2	8	6	3	7	1	4	5
6	7	4	2	1	5	9	3	8
7	3	6	8	5	1	2	9	4
1	9	5	3	4	2	7	8	6
8	4	2	7	6	9	5	1	3
5	6	3	1	2	8	4	7	9
4	1	9	5	7	3	8	6	2
2	8	7	4	9	6	3	5	1

056

7	3	1	2	6	8	5	4	9
5	6	4	7	9	1	2	8	3
2	9	8	4	5	3	7	1	6
6	1	3	9	2	7	4	5	8
8	5	9	3	1	4	6	7	2
4	7	2	5	8	6	3	9	1
9	4	6	1	7	2	8	3	5
3	8	5	6	4	9	1	2	7
1	2	7	8	3	5	9	6	4

057

3	7	9	2	8	4	5	1	6
1	4	5	9	7	6	3	8	2
2	6	8	3	5	1	4	7	9
8	9	3	5	6	7	1	2	4
6	2	7	1	4	3	8	9	5
4	5	1	8	9	2	6	3	7
9	3	6	4	2	8	7	5	1
7	8	2	6	1	5	9	4	3
5	1	4	7	3	9	2	6	8

058

7	2	1	9	5	3	8	4	6
6	9	4	1	8	2	7	3	5
8	3	5	4	7	6	9	1	2
5	8	7	3	2	9	4	6	1
1	6	9	5	4	8	3	2	7
3	4	2	6	1	7	5	8	9
9	7	3	2	6	4	1	5	8
2	1	8	7	3	5	6	9	4
4	5	6	8	9	1	2	7	3

059

7	5	4	3	6	8	9	2	1
9	6	8	1	2	7	5	4	3
3	1	2	5	9	4	7	8	6
1	9	7	2	3	6	8	5	4
6	8	5	4	7	1	3	9	2
2	4	3	9	8	5	1	6	7
5	2	1	7	4	9	6	3	8
8	3	9	6	1	2	4	7	5
4	7	6	8	5	3	2	1	9

060

9	7	5	4	1	8	2	6	3
8	6	2	3	5	7	1	4	9
1	3	4	9	2	6	7	5	8
5	8	7	1	6	9	3	2	4
2	4	9	8	7	3	5	1	6
3	1	6	5	4	2	8	9	7
4	5	3	7	9	1	6	8	2
7	2	1	6	8	4	9	3	5
6	9	8	2	3	5	4	7	1

061

8	1	4	2	3	7	9	5	6
2	9	3	8	5	6	7	4	1
5	6	7	1	4	9	3	2	8
1	3	8	7	9	4	5	6	2
7	2	9	5	6	1	8	3	4
6	4	5	3	2	8	1	7	9
3	8	1	6	7	2	4	9	5
4	7	6	9	1	5	2	8	3
9	5	2	4	8	3	6	1	7

062

8	9	1	3	7	5	2	6	4
7	2	4	6	8	1	3	5	9
6	3	5	4	2	9	1	7	8
2	1	7	5	3	4	9	8	6
4	8	9	7	1	6	5	2	3
3	5	6	2	9	8	7	4	1
1	7	2	8	6	3	4	9	5
9	4	8	1	5	2	6	3	7
5	6	3	9	4	7	8	1	2

063

5	7	3	8	2	9	4	1	6
6	2	1	5	4	3	9	8	7
8	4	9	1	6	7	5	2	3
7	5	2	6	1	4	3	9	8
9	3	8	2	7	5	1	6	4
1	6	4	3	9	8	2	7	5
2	1	5	4	8	6	7	3	9
4	9	6	7	3	2	8	5	1
3	8	7	9	5	1	6	4	2

064

3	5	1	8	7	9	6	2	4
9	4	2	1	6	3	5	7	8
7	6	8	4	2	5	1	9	3
4	3	5	6	9	1	7	8	2
6	2	7	3	5	8	4	1	9
8	1	9	7	4	2	3	6	5
1	9	3	5	8	7	2	4	6
2	7	4	9	3	6	8	5	1
5	8	6	2	1	4	9	3	7

065

5	9	3	1	7	4	6	8	2
1	8	4	2	3	6	7	9	5
6	2	7	5	8	9	1	3	4
2	7	5	9	4	1	3	6	8
8	3	9	7	6	5	4	2	1
4	1	6	8	2	3	9	5	7
7	5	1	3	9	2	8	4	6
3	4	8	6	5	7	2	1	9
9	6	2	4	1	8	5	7	3

066

8	2	7	4	5	6	3	1	9
5	4	1	8	9	3	6	2	7
3	9	6	1	7	2	4	5	8
4	5	3	9	8	7	2	6	1
9	6	8	5	2	1	7	4	3
7	1	2	3	6	4	8	9	5
1	7	4	2	3	5	9	8	6
6	8	5	7	4	9	1	3	2
2	3	9	6	1	8	5	7	4

067

1	6	2	9	4	5	3	8	7
7	4	3	8	1	6	2	5	9
8	9	5	2	7	3	4	1	6
9	2	7	1	3	8	6	4	5
5	1	4	6	9	2	7	3	8
6	3	8	4	5	7	9	2	1
3	7	6	5	8	4	1	9	2
4	8	9	7	2	1	5	6	3
2	5	1	3	6	9	8	7	4

068

1	5	3	7	2	6	9	4	8
2	4	7	1	9	8	3	5	6
8	6	9	5	3	4	1	2	7
5	8	4	2	1	3	6	7	9
7	1	6	8	5	9	2	3	4
9	3	2	6	4	7	8	1	5
4	9	5	3	8	2	7	6	1
6	2	8	4	7	1	5	9	3
3	7	1	9	6	5	4	8	2

069

7	2	6	9	4	8	1	3	5
3	4	9	1	7	5	2	6	8
5	1	8	2	6	3	9	7	4
2	9	1	3	8	6	4	5	7
8	3	4	5	2	7	6	1	9
6	7	5	4	9	1	8	2	3
4	6	3	7	1	9	5	8	2
9	8	7	6	5	2	3	4	1
1	5	2	8	3	4	7	9	6

070

5	3	4	1	9	8	6	7	2
9	6	2	4	7	5	1	8	3
7	1	8	2	3	6	9	4	5
3	8	9	7	5	4	2	1	6
2	7	6	8	1	3	5	9	4
1	4	5	9	6	2	8	3	7
8	2	3	5	4	9	7	6	1
4	9	1	6	2	7	3	5	8
6	5	7	3	8	1	4	2	9

071

7	1	4	5	9	3	8	2	6
9	8	6	2	1	4	5	3	7
3	5	2	7	8	6	1	9	4
2	3	8	6	4	1	9	7	5
1	9	7	3	5	2	6	4	8
6	4	5	8	7	9	2	1	3
8	2	9	4	6	7	3	5	1
5	7	1	9	3	8	4	6	2
4	6	3	1	2	5	7	8	9

072

3	5	8	9	7	6	2	1	4
6	7	2	4	3	1	8	9	5
9	4	1	8	5	2	3	7	6
1	8	3	5	6	9	4	2	7
5	9	4	7	2	3	6	8	1
7	2	6	1	8	4	9	5	3
2	1	7	6	4	8	5	3	9
4	3	9	2	1	5	7	6	8
8	6	5	3	9	7	1	4	2

073

6	8	2	7	4	5	3	1	9
5	3	4	2	1	9	6	8	7
7	9	1	3	8	6	5	4	2
8	2	6	4	3	1	7	9	5
4	5	7	6	9	8	1	2	3
9	1	3	5	7	2	8	6	4
2	6	9	8	5	3	4	7	1
1	4	5	9	6	7	2	3	8
3	7	8	1	2	4	9	5	6

074

1	6	3	2	9	5	7	8	4
2	5	9	7	4	8	3	6	1
7	4	8	1	3	6	2	5	9
3	8	5	4	6	9	1	2	7
9	2	7	8	5	1	4	3	6
4	1	6	3	2	7	8	9	5
8	9	1	5	7	3	6	4	2
6	7	2	9	8	4	5	1	3
5	3	4	6	1	2	9	7	8

075

8	3	2	1	9	6	7	5	4
5	1	7	4	8	2	9	6	3
6	9	4	5	7	3	8	1	2
4	5	6	8	3	1	2	7	9
3	2	9	6	5	7	1	4	8
7	8	1	9	2	4	6	3	5
2	4	3	7	6	9	5	8	1
9	6	5	3	1	8	4	2	7
1	7	8	2	4	5	3	9	6

076

8	3	4	6	5	1	7	9	2
6	2	5	7	4	9	1	3	8
7	1	9	2	8	3	4	5	6
5	9	3	4	6	2	8	1	7
1	7	6	3	9	8	2	4	5
4	8	2	5	1	7	9	6	3
3	4	8	1	2	6	5	7	9
2	6	1	9	7	5	3	8	4
9	5	7	8	3	4	6	2	1

077

4	7	8	1	3	5	6	2	9
1	3	6	2	8	9	7	5	4
5	9	2	7	4	6	3	1	8
2	1	5	8	6	7	4	9	3
9	8	3	4	1	2	5	7	6
7	6	4	5	9	3	1	8	2
3	4	7	9	5	8	2	6	1
6	2	9	3	7	1	8	4	5
8	5	1	6	2	4	9	3	7

078

9	3	5	7	6	1	2	8	4
6	4	2	3	8	9	5	1	7
1	7	8	4	5	2	9	6	3
3	6	7	2	1	5	8	4	9
8	5	4	6	9	7	1	3	2
2	9	1	8	4	3	6	7	5
7	8	3	5	2	6	4	9	1
4	2	9	1	3	8	7	5	6
5	1	6	9	7	4	3	2	8

079

3	1	6	5	7	4	9	2	8
2	5	9	6	8	1	7	3	4
7	8	4	2	3	9	5	1	6
8	2	3	4	5	7	6	9	1
1	6	7	9	2	3	4	8	5
9	4	5	8	1	6	3	7	2
5	9	2	3	6	8	1	4	7
6	3	1	7	4	2	8	5	9
4	7	8	1	9	5	2	6	3

080

7	4	9	3	1	8	2	6	5
1	5	2	9	6	7	8	4	3
3	8	6	4	2	5	1	7	9
5	2	8	6	9	4	7	3	1
6	9	7	5	3	1	4	2	8
4	1	3	8	7	2	5	9	6
8	3	4	7	5	6	9	1	2
2	6	5	1	4	9	3	8	7
9	7	1	2	8	3	6	5	4

081

7	9	5	3	4	8	2	1	6
8	6	4	9	1	2	5	3	7
2	1	3	6	7	5	9	4	8
6	5	7	2	3	1	4	8	9
1	4	9	8	6	7	3	5	2
3	8	2	5	9	4	7	6	1
9	7	1	4	8	3	6	2	5
4	2	8	7	5	6	1	9	3
5	3	6	1	2	9	8	7	4

082

5	4	7	1	6	3	2	9	8
1	9	6	5	8	2	7	3	4
3	2	8	4	7	9	6	5	1
8	3	9	7	2	6	1	4	5
7	1	4	3	5	8	9	2	6
2	6	5	9	1	4	8	7	3
4	5	2	6	9	1	3	8	7
9	7	1	8	3	5	4	6	2
6	8	3	2	4	7	5	1	9

083

4	6	5	7	3	9	2	8	1
8	2	9	1	5	6	7	4	3
3	1	7	8	2	4	6	9	5
9	8	2	4	1	5	3	7	6
1	4	3	2	6	7	9	5	8
7	5	6	3	9	8	1	2	4
5	9	4	6	7	1	8	3	2
2	7	1	5	8	3	4	6	9
6	3	8	9	4	2	5	1	7

084

7	3	5	1	9	2	4	6	8
6	4	1	3	8	7	9	2	5
9	8	2	5	4	6	7	3	1
5	6	7	8	1	9	2	4	3
1	9	8	2	3	4	5	7	6
4	2	3	7	6	5	8	1	9
8	7	6	9	2	3	1	5	4
3	5	9	4	7	1	6	8	2
2	1	4	6	5	8	3	9	7

085

2	1	8	9	4	5	6	7	3
9	4	6	3	7	1	8	5	2
3	5	7	6	2	8	9	4	1
6	3	2	4	8	7	5	1	9
4	8	9	1	5	3	7	2	6
5	7	1	2	9	6	4	3	8
1	6	4	5	3	9	2	8	7
7	2	3	8	6	4	1	9	5
8	9	5	7	1	2	3	6	4

086

3	6	7	1	2	9	8	4	5
8	5	2	3	7	4	9	1	6
9	4	1	6	5	8	3	2	7
4	2	9	5	6	1	7	3	8
1	7	6	4	8	3	5	9	2
5	8	3	2	9	7	1	6	4
6	9	5	8	1	2	4	7	3
7	3	8	9	4	6	2	5	1
2	1	4	7	3	5	6	8	9

087

8	7	1	9	3	4	6	2	5
2	3	5	7	6	1	8	9	4
4	9	6	8	5	2	3	1	7
6	8	4	2	1	3	5	7	9
9	5	2	6	4	7	1	3	8
7	1	3	5	9	8	4	6	2
3	6	8	4	7	9	2	5	1
5	2	7	1	8	6	9	4	3
1	4	9	3	2	5	7	8	6

088

7	6	1	9	8	3	4	2	5
3	4	5	7	2	1	6	9	8
9	8	2	4	5	6	3	7	1
1	5	3	6	7	4	2	8	9
4	7	8	3	9	2	5	1	6
2	9	6	5	1	8	7	4	3
8	2	4	1	3	5	9	6	7
5	1	7	2	6	9	8	3	4
6	3	9	8	4	7	1	5	2

089

3	2	1	8	6	9	7	4	5
6	5	4	1	7	2	8	3	9
8	9	7	5	3	4	2	6	1
9	6	3	4	5	7	1	2	8
1	7	5	2	8	6	3	9	4
4	8	2	9	1	3	6	5	7
2	1	8	3	4	5	9	7	6
5	3	6	7	9	1	4	8	2
7	4	9	6	2	8	5	1	3

090

2	1	8	5	3	4	6	7	9
6	9	3	7	1	2	8	5	4
4	7	5	8	9	6	1	3	2
5	8	4	2	6	3	9	1	7
1	6	2	9	7	8	5	4	3
7	3	9	4	5	1	2	6	8
9	4	7	6	8	5	3	2	1
3	2	6	1	4	9	7	8	5
8	5	1	3	2	7	4	9	6

091

4	8	6	2	5	1	7	3	9
2	7	5	8	9	3	1	4	6
9	1	3	4	7	6	2	5	8
5	6	2	7	3	8	9	1	4
8	4	9	1	2	5	6	7	3
7	3	1	6	4	9	5	8	2
1	9	8	5	6	4	3	2	7
6	2	4	3	1	7	8	9	5
3	5	7	9	8	2	4	6	1

092

7	3	1	9	8	4	2	6	5
6	8	2	3	5	7	1	9	4
9	4	5	1	2	6	8	7	3
3	9	7	4	6	8	5	2	1
8	5	6	2	1	9	4	3	7
2	1	4	7	3	5	6	8	9
4	2	9	8	7	1	3	5	6
5	7	8	6	4	3	9	1	2
1	6	3	5	9	2	7	4	8

093

8	7	4	3	9	6	1	2	5
9	2	1	7	8	5	6	4	3
6	3	5	2	1	4	8	9	7
3	1	9	6	2	8	7	5	4
7	5	8	9	4	3	2	1	6
2	4	6	5	7	1	3	8	9
4	9	2	1	3	7	5	6	8
1	6	3	8	5	9	4	7	2
5	8	7	4	6	2	9	3	1

094

8	4	2	9	1	5	3	6	7
9	3	7	6	4	8	2	5	1
5	6	1	2	3	7	9	8	4
1	2	5	3	7	9	8	4	6
7	8	6	4	5	2	1	3	9
4	9	3	1	8	6	7	2	5
2	7	4	5	9	3	6	1	8
6	1	8	7	2	4	5	9	3
3	5	9	8	6	1	4	7	2

095

2	9	1	6	3	8	7	4	5
4	3	8	1	7	5	2	6	9
6	5	7	4	9	2	1	8	3
5	6	4	2	1	3	9	7	8
7	2	9	5	8	4	3	1	6
1	8	3	7	6	9	4	5	2
3	7	2	8	5	1	6	9	4
9	1	5	3	4	6	8	2	7
8	4	6	9	2	7	5	3	1

096

1	3	2	6	7	9	8	4	5
7	6	4	5	2	8	1	9	3
9	5	8	4	1	3	2	6	7
4	1	7	3	6	5	9	2	8
5	2	9	8	4	7	6	3	1
6	8	3	2	9	1	5	7	4
8	4	5	9	3	2	7	1	6
3	9	1	7	5	6	4	8	2
2	7	6	1	8	4	3	5	9

097

2	7	9	4	5	1	3	8	6
1	4	6	3	8	7	2	9	5
5	3	8	6	9	2	4	7	1
4	9	2	5	6	3	7	1	8
7	8	3	2	1	9	6	5	4
6	1	5	7	4	8	9	3	2
9	2	1	8	3	6	5	4	7
3	5	7	1	2	4	8	6	9
8	6	4	9	7	5	1	2	3

098

8	9	3	2	7	1	5	6	4
7	6	5	8	3	4	2	9	1
1	4	2	9	5	6	8	7	3
4	5	7	3	1	2	6	8	9
3	2	9	7	6	8	4	1	5
6	1	8	4	9	5	3	2	7
5	8	4	1	2	9	7	3	6
2	3	1	6	4	7	9	5	8
9	7	6	5	8	3	1	4	2

099

1	9	3	4	7	5	6	8	2
4	6	8	2	3	9	1	7	5
2	5	7	6	1	8	4	9	3
9	1	2	5	6	7	8	3	4
6	8	4	3	9	1	5	2	7
3	7	5	8	2	4	9	6	1
8	2	1	9	5	3	7	4	6
5	3	9	7	4	6	2	1	8
7	4	6	1	8	2	3	5	9

100

3	5	7	6	8	1	2	4	9
4	2	8	5	7	9	1	3	6
1	6	9	3	2	4	5	8	7
2	8	6	9	5	3	7	1	4
9	3	4	1	6	7	8	2	5
5	7	1	2	4	8	6	9	3
8	4	5	7	9	2	3	6	1
6	9	3	8	1	5	4	7	2
7	1	2	4	3	6	9	5	8

休み時間パズル

あいこでしょ

32ページ

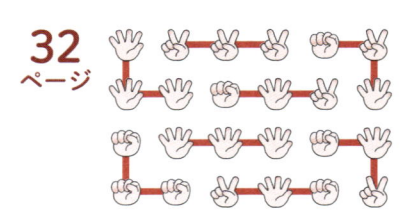

68ページ

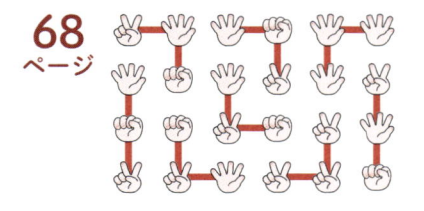

120ページ

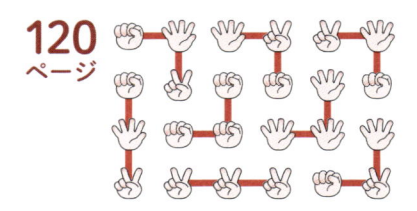

なぞの計算式

001

002

003

004

005

監修／ 村上綾一

中学受験塾「エルカミノ」代表。1977年生まれ。早稲田大学を卒業後、大手進学塾の最上位クラス指導や教材・模試などの制作を経て株式会社エルカミノを設立。理数系の教育を得意とする。直接授業も担当し、御三家中学（開成・麻布・武蔵）や筑波大学附属駒場中学、算数オリンピック、東大に多数の生徒を送り出している。映画「デスノート『L change the WorLd』」では数理トリックの制作を担当。著書は『面積迷路』（学研）、『人気講師が教える理系脳のつくり方』（文藝春秋）、『自分から勉強する子が育つ お母さんの習慣』（ダイヤモンド社）、『中学受験で成功する子が10歳までに身につけていること』（KADOKAWA）など。

著／ 津内口真之

パズル制作を担当。ワード系パズルから理数系パズルまで、オールラウンドに活躍。編著書にナンプレBOOKS『入門ナンプレ1』（小社刊）がある。

発行日　2018年7月15日　初版第1刷発行
　　　　2022年1月 5 日　　　第2刷発行

デザイン：川添 藍
イラスト：すがわらけいこ
パズルイラスト：赤澤英子
編集：末永瑛美
編集協力：石村明淑（ボーン）
版下制作：河西あゆみ
校正：文字工房燦光

発行者　竹間 勉
発行　　株式会社世界文化ブックス
発行・発売　株式会社 世界文化社
　　　　〒102-8195 東京都千代田区九段北4-2-29
　　　　電話　03-3262-6632（編集部）
　　　　　　　03-3262-5115（販売部）
印刷・製本　共同印刷株式会社

© Sekaibunka Holdings, 2018. Printed in Japan
ISBN 978-4-418-18824-6